순창 금과 들소리의
민요문화적 의미와
무형문화유산적 가치

※ 이 저서는 2022년 대한민국 교육부와 한국학중앙연구원(한국학진흥사업단)의
한국학국영문사전편찬사업의 지원을 받아 수행된 연구임(AKS-2022-CKD-1230005).

※ 순창군 · 순창금과들소리보존회의 지원을 받아 수행된 연구임.

전북대학교 농악/풍물굿 연구소 총서 06

**순창 금과 들소리의 민요문화적 의미와
무형문화유산적 가치**

초판1쇄 발행 2024년 2월 25일

지은이 나승만 · 김익두 · 김월덕 · 강재욱 · 허정주 · 송화섭
펴낸이 홍종화

주간 조승연
편집 · 디자인 오경희 · 조정화 · 오성현 · 신나래
박선주 · 이효진 · 정성희
관리 박정대

펴낸곳 민속원
창업 홍기원
출판등록 제1990-000045호
주소 서울 마포구 토정로25길 41(대흥동 337-25)
전화 02) 804-3320, 805-3320, 806-3320(代)
팩스 02) 802-3346
이메일 minsok1@chollian.net, minsokwon@naver.com
홈페이지 www.minsokwon.com

ISBN 978-89-285-1957-6 94380
SET 978-89-285-0871-6 94380

전북대학교 농악/풍물굿 연구소 총서 06

순창 금과 들소리의 민요문화적 의미와 무형문화유산적 가치

나승만 · 김익두 · 김월덕 · 강재욱 · 허정주 · 송화섭

민속원

서론

'문화文化'란 인간 삶의 총체를 말하며, 그 중에서 '음악音樂'이란 민족음악학적 관점에서 보자면 '인간에 의해 조직된 소리'이고, 그렇기 때문에 음악은 언제 어디서 어떤 인간 혹은 인간 공동체가 이루어낸 소리인가에 따라 그 소리의 속성과 특징들이 달라지게 된다.

이 '음악' 곧 '인간에 의해 조직된 소리' 중에서 민중-공동체의 의해 조직된 소리를 우리는 '민요'라 부른다. 민족음악학자들의 기본 논의에 따르면, 이 민요는 악음樂音 · 개념 · 행위의 순환적 문화양식이다. 이 악음이 개념 곧 의미를 형성하고, 그 개념/의미가 음악적 행위로 공연된다. 따라서, 음악 중의 하나인 민요를 다룰 때에도 그것의 악음 · 개념/의미 · 행위의 순환적 관련 맥락 전체를 현상적으로 고려해야만 한다.

민요란 예로부터 민중들 사이에서 자발적으로 생겨나서 자발적으로 불려오던 소박한 노래이며, 구비전승의 과정을 통해서 전개되어온 어떤 공동체의 음악전통의 소산으로서, 현재를 과거와 결부시키는 연속성continuity, 공동체 혹은 그 공동체를 구성하는 어떤 개인의 창조적 충동에서 생겨나는 변이성variation, 그리고 지금까지 살아남은 민요가 그 현재의 구체적인 모

습을 결정하도록 해주는 공동체의 의한 선택성selection 등을 그 중요한 속성으로 지니고 있다.[1]

이러한 성격의 민요는 좁은 의미에서는 현재 다른 전통문화들과 함께 삶의 현장에서 거의 다 사라지고 있지만, 넓은 의미에서는 인류의 역사와 더불어 계속될 것이다. 현장에서 사라진 민요라 하더라도 그것은 아직도, 그리고 앞으로 더욱, 우리에게 두 가지 중요한 것을 가져다 줄 수 있다.

첫째, 그것은 우리에게 지역 공동체, 민족 공동체, 혹은 문화 공동체가 가지는 기층의 근원적인 음악적 정서와 정체성identity을 확보해 줄 수 있다.

둘째, 그것은 새로운 지역문화, 민족문화를 창조해 나아가는 데 있어서, 특히 그러한 음악문화를 창조해 나아가는 데 있어서, 필수적인 '토종 유전자'를 확보해 준다. '토종 유전자'가 없으면 '유전공학'이 불가능하듯이, 우리 음악문화의 '토종 유전자'가 없으면 진정한 의미에서의 우리의 독창적인 음악문화도 있을 수 없다. 세계가 길 건너의 가까운 이웃이 되어버린 이 '문화-상호주의'의 시대에, 이웃들과 서로 교환할 '토종문화' 유전자와 그것을 토대로 한 '창조적 밀실'의 '독창성'이 없다면, 늘 일방적으로 수입하여 가져와야 하고, 상호적으로 주고받는 문화-상호적 호환성이 없어져, 결국 새로운 문화 식민지로 전락하게 되고 말 것이다. '우리'의 음악문화 전통 속에서 '나'를 찾고, 거기서부터 우리의 음악문화를 주체적으로 정초해 나아가야 할 필연적인 이유가 여기에 있으며, 이러한 방향의 문화사적 지평은 결국 오늘날 우리 음악문화가 세계적인 지평으로 나아가고 있는 'K-pop'과도 궁극적으로 연계되어 있다.

일찍이 알란 로맥스Alan Lomax는 그의 저서 『민요 양식과 문화Folk Song

---

1 Maud Karpeles(1973), *An Introduction to English Folk Song*, Oxford: Oxford University Press, p.3.

and Culture』에서, 머독Murdock이 작성한 세계 '문화지도'에다가 6개의 '대지역world regions'과 56개의 '문화권'과 233개의 '음악문화권'을 구분하여 표시해 놓고 있다.[2] 이 세계 민요지도에 의하면, '한국민요'는 '아시아 민요권' 중 '동아시아 민요권'에 속하고, 그 중에서도 '한국 민요문화권'으로 독립하여 분류되고 있음을 볼 수 있다.

주지하다시피, 이 한국민요는 다시 각 지역마다 다른 음악적 특징을 보이고 있다.[3] 음악적 특징으로서의 '토리'의 차이에 따라, 대체로 경기도 및 충청도 북부지역을 포괄하는 '경토리권', 평안도와 황해도 지역을 포괄하는 '서도토리권', 태백산맥을 중심으로 하여 함경도 · 강원도 · 경상도 지역을 망라하는 '메나리토리권', 전라남북도와 충청도 남부지역을 포괄하는 '육자배기토리권', 그리고 제주도 전 지역을 망라하는 '제주도토리권' 등으로 나누어지고 있는데,[4] 이 '민요권'은 대체로 '방언권'과 일치하는 경향이 있다.

이 중에서 전북민요는 '육자배기토리권'에 속하며, 그동안 '남도민요' 혹은 '전라도 민요' 등으로 불려져 왔다. '육자배기토리'는 다른 지역의 토리에 비하여 매우 특징 있는 스타일을 가지고 있어서 쉽게 구별된다. 우선 발성

---

2 Alan Lomax(1968), *Folk Song Style and Culture*, Washington D.C., American Association for the Advancemant of Science.

3 각 지역마다, 다른 지역과는 구분되는 독특한 음악적 특징을 '토리/조'라고 하는데, 민요의 토리/조는 민요를 구성하고 있는 음과 음의 기능, 음이 움직이는 방식, 발성법, 장식음의 사용법 등을 포괄하는 개념으로, 어떤 지역 사람들의 음악어법을 말한다.

4 한국 브리태니커회사 편(1993), 『브리태니커 세계백과사전』 8권, 서울: 한국브리태니커, 382쪽. 한국정신문화연구원 편(1991), 『한국민족문화대백과사전』 8권, 767~768쪽. 장사훈 · 한만영(1975), 『국악개론』, 서울: 재단법인 한국음악학회, 213~240쪽. 이에 관해서는 아직 대략적인 연구에 그치고 있으며, 여러 민요권들이 서로 만나 변이를 일으키는 민요 접경지역들에 관한 미시적인 연구는 아직도 미진한 단계에 머물러 있으며, 이번에 발간되는 본서는 특히 이 문제 중에서 육자기토리권 중에서 '문화접변'에 의해 그 지역적 변이 현상이 가장 복잡하게 전개되고 있는 지역 민요에 관한 논의이다.

법 면에서 보면 목을 눌러서 극적이고 거칠게 내는 '굵은목throaty'이 특징이며, 음계 면에서는 계면조의 '떠는목', '평으로 내는목', '꺾는목'을 가지고 있고, 장단 면에서는 진양조 · 중모리 · 중중모리 · 자진모리[5] 등 이 지역 판소리나 산조음악과 같이 다른 지역에 비해 매우 다양하다는 것 등이 지금까지 논의된 방향의 개략이다.

그러나, 이와 같은 현재까지의 민요권 구분은 매우 성글고 미진한 감이 없지 않았다. 그 이유 중의 하나는, 우선 이와 같은 민요권 구분이 노동요 · 의식요와 같은 토착적인 기능요 곧 이른바 '고정민요'를 중심으로 이루어진 것이 아니라, 주로 지역적인 토착성이 미약한 '비고정민요'를 중심으로 이루어지고 있다는 점이 문제점으로 드러난다. 비고정민요가 어떤 지역의 보편적인 노래라면, 고정민요는 그 지역의 세부적인 '차이'를 드러내주는 특수한 노래이다. 따라서 민요권을 정확하게 구분하려면 이 양자를 함께 고려하여 이루어져야만 할 것이다. 그러기 위해서는, 각 지역의 민요들, 특히 고정민요/토착민요들이 자세하게 조사 · 정리될 필요가 있으며, 이러한 조사는 그동안 국부적으로 어느 정도 이루어져 왔지만, 정신문화연구원의 『구비문학대계』나 문화방송에서 진행한 『한국민요대전』의 민요 조사 작업 등을 통해서 일단 남한 전 지역에 걸쳐 일관성 있고 체계적인 정리가 이루어지고 있다. 나아가, 이 작업은 결국 남북한 공동작업을 통해 한국 전 지역에 걸쳐 이루어져야 하고, 그런 공동작업은 남북한의 문화적 동질성을 회복하는 중요한 학문적인 계기를 만들 수 있다.

전북민요에 관한 연구는 조선총독부(1912) · 엄필진(1924) · 조선총독부(1933) · 김소운(1933) · 임화(1939) · 김사엽 외(1948) · 성경린 외(1949)

5 진양조의 민요로는 '육자배기'가 가장 대표적이며, 중모리의 노래로는 '흥타령' · '긴농부가', 중중모리로는 '자진농부가', 자진모리는 '까투리타령' 등을 들 수 있다.

· 고정옥(1949) · 임동권(1960, 1974, 1975, 1979, 1980, 1981, 1992) · 문화공보부 문화재관리국/임동권(1971) · 한국정신문화연구원(1980, 1981, 1983, 1984, 1987, 2009, 2010) · 문화재관리국(1982) · 김익두(1989) · 김익두 외(1990) · 김익두 외(1995) · 노복순(1995) · 김익두(1997) · 김성식 외(1998) · 이영일(2000) · 김혜정(2001) · 김월덕(2004) · 순창군(2004) · 손인애(2005) · 이소라(2005) · 김성식(2006) · 이보형(2015) · 임미선(2011) · 강재욱(2011) · 김익두(2012) · 허정주(2016, 2017) · 임실군(2018) · 김혜정(2019) 등이 있다.

조선총독부(1912)는 처음으로 이루어진 근대적인 의미의 전북민요 조사 자료이다. 이 책에는 모두 108수의 전북민요가 수집되어 있는데, 당시의 공사립보통학교를 통해서 조사한 자료라서 주로 흥타령 · 육자배기 · 아리랑 등과 같은 '비고정민요'가 주종을 이루고 있다.[6]

엄필진(1924)은 우리나라 사람으로는 처음으로 우리 민요 · 동요의 수집 · 연구의 필요성과 가치를 불러일으킨 연구로서, 총 80편의 자료들 중에 전북의 동요 · 민요가 일부 실려 있다. 그러나 자료로서의 가치는 그다지 크지 않다.[7]

조선총독부(1933)는 총 7수의 민요가 실려 있는데, 거의 모두가 이앙요 곧 '모심는소리'라는 특징이 있다. 초기에 조사된 전북지역 '모심는소리'의 좀 더 구체적인 자료를 여기서 볼 수 있다.[8]

김소운(1933)은 우리나라 사람의 손으로 조사된 본격적인 민요조사 자

6 조선총독부(1912), 『俚語俚諺及通俗的讀物調査』, 경성: 조선총독부 · [김동권(1981), 『한국민요집』, 서울: 집문당, 84~97쪽에 재수록].

7 엄필진(1924), 『조선동요집』, 경성: 창문사.

8 조선총독부(1933), 『민요조사』, 경성: 조선총독부.

료집으로서, 이 책에는 총 209수의 전북민요가 살려 있다. 대체로 동요와 어희요語戱謠가 많은 수를 차지하고 있다.[9]

임화(1939)는 김소운(1933)에 들어있지 않은 새로운 자료들을 수록하는 데 역점을 두고 있어서, 앞의 자료집들에는 보이지 않는 전북민요에 관한 자료들이 몇 편 들어 있다.[10]

김사엽 외(1948)는 새로운 민요조사 자료집이라기보다는 기존에 나온 자료들을 종합한 것이다. 또한 수록된 자료들도 영남지역 자료들이 거의 대부분을 차지하고 있고, 제주도 민요가 300편이나 수록되어 있지만, 전북민요에 관한 새로운 자료들은 별로 찾아볼 수 없다.[11]

성경린 외(1949)는 음악적으로 우수한 총 48편의 민요들을 모아 지역별로 그 가사를 수록하고 있는데, 이 중에 전북민요도 16편이 실려 있다. 그 대부분이 흥타령 · 육자배기 등 널리 유행하는 비고정민요들이다.[12]

고정옥(1949)은 우리나라 민요연구의 한 획을 그은 매우 중요한 본격적인 민요 연구서임에도 불구하고, 이 책에서 저자가 논의에 사용한 전북민요 자료는 단 2편뿐이다. 그만큼 이 책은 영남민요 자료 일변도로 연구되어 있으며, 그에 따라 자료상으로는 매우 편협한 논의의 한계를 드러내고 있다.[13]

임동권(1960, 1974, 1975, 1979, 1980, 1981, 1992)은 우리나라 민요자료의 조사 · 정리 작업을 본격적인 궤도에 올려놓은 자료집으로서, 이 책을 통해 전북민요에 관한 기존의 자료들이 종합적으로 정리되었다. 이 자료집

---

9 김소운(1933), 『조선구전민요집』, 동경: 제일서방.

10 임화(1939), 『조선민요선』, 경성: 학예사.

11 김사엽 · 최상수 · 방종현(1948), 『조선민요집성』, 서울: 미상.

12 성경린 · 장사훈(1949), 『조성의 민요』, 서울: 국제음악문화사.

13 고정옥(1949), 『조선민요연구(朝鮮民謠硏究)』, 서울: 수선사.

은 1992년까지 총 7권으로 간행되었다.[14] 그러나 각 자료들의 민족지적 세부사항들(조사 시기 · 장소 · 조사자 · 제보자 · 방법 등)이 구체적으로 기록되어 있지 않아, 자료를 연구에 구체적으로 활용하는 데 한계가 있다.

문화공보부 문화재관리국(1971)은 종래의 전북민요 자료집들과는 달리 조사 시기 · 제보자 주소 · 성명 · 성별 · 나이 등이 모두 기록되어 있어서, 자료의 구체적인 현장성이 확보되어 있다는 장점이 있으나, 조사 대상 자료가 지벽별로 극소수로 제한되어 있다.[15]

한국정신문화연구원(1980, 1981, 1983, 1984, 1987)은 전북민요 조사 · 정리 작업을 가장 본격적인 궤도에 이끌어 올린 작업으로서, 이 사업에 힘입어, 전북민요의 자료 조사는 본격적인 민족지적 자료조사의 단계로 들어서게 되었다. 이 조사 정리 작업은 2024년 상반기 현재 남원군(1980) · 전주시 및 완주군(1981) · 부안군(1983) · 군산시 및 옥구군(1984) · 정읍시 및 정읍군(1987) 등이 간행되었고,[16] 최근 들어 같은 기관에서 무주군(2013) · 장수군(2013) · 진안군(2015) · 임실군(2016) · 순창군(2017) · 익산시(2017) 등의 민요 자료가 조사 정리되고 있다.[17] 이 조사 자료집의 가장 큰 특징이자 장점은, 민요의 구비전승 자료를 그것이 전승되는 현장에서 직접 채록하는 '현장론적 방법'에 충실하고 있다는 점이다. 모든 자료들마다 일련번호, 녹음테이프 번호, 조사장소, 조사일자, 조사자, 제보자의 성명 · 성별 · 나이 · 직업 · 조사 환경 등을 모두 기록하여, 자료에 대한 현

---

14 임동권(1960, 1974, 1975, 1979, 1980, 1981, 1992), 『한국민요집』 Ⅰ~Ⅶ, 서울: 집문당.

15 임동권(1971), 『한국민속종합조사보고서』 전라북도편, 문화공보부 문화재관리국, 540-576쪽.

16 한국정신문화연구원(1980, 1981, 1983, 1984, 1987), 『한국구비문학대계』 5-1, 5-2, 5-3, 5-4, 5-7, 한국정신문화연구원(학국학중앙연구원).

17 한국학중앙연구원(2013, 2013, 2015, 2016, 2017, 2017), 『증편한국구비문학대계』, 5-8, 5-9, 5-10, 5-11, 5-12, 5-13, 한국학중앙연구원.

장론적 접근을 용이하게 해주고 있다. 그러나 이 조사 보고서는 민요만을 집중적으로 조사 정리한 것이 아니라, 민요 외에도 설화 · 무가 등도 함께 조사한 것이라 민요 분야의 집중적인 전문성이 부족한 아쉬움이 있다.

이보형(1982)은 전북지역의 국악 전반에 걸친 조사 보고서이나, 전북의 전체 지역에 걸친 민요의 분포 양상을 어느 정도 파악할 수 있도록, 성글게나마 전북민요가 각 지역별로 조사 기록되어 있어서 이 분야의 연구에 참고자료가 된다.[18]

김익두(1989)는 필자가 10여 년 동안 조사한 전북지역의 민요와, 이 때까지 다른 학자들에 의해 조사된 전북민요를 모두 종합하고 분류하여, 각 노래 항목별로 대표적인 것들을 골라 정리한, 최초의 종합적인 전북민요 자료집이다. 이 책이 맨 앞쪽에는 '전북민요 개관'이 실려 있으며, 본문에서는 전북지역의 민요를 제의요祭儀謠 · 노동요勞動謠 · 놀이요, 기타 항목으로 분류한 다음, 각 항목에 해당하는 민요 조가 자료들을 지역별로 동부 산간지역, 서부 평야지역, 서해 도서지역 순으로 배열하고, 각 노래마다 일련번호, 조사장소, 조사일자, 조사자, 제보자의 성명 · 성별 · 나이 등을 기록하였다.[19]

김익두 외(1990)는 김익두(1989)를 기본 자료로 하여, 전북지역의 노동요들만을 따로 다시 조사하여 정리한 것이다. 이 책을 통해서 전북지역 노동요의 전반적인 분포 양상을 구체적으로 파악할 수 있다.[20]

김익두 외(1995)는 앞의 김익두(1989) 및 김익두(1990)를 기본 자료로 하여, 전북민요를 각 지역별로 좀 더 자세하게 조사 정리한 전북민요 조사

18 이보형(1982), 『전라북도국악실태조사』, 문화공보부 문화재관리국.

19 김익두(1989), 『전북의 민요』, 전주: 전북애향운동본부.

20 김익두 외(1990), 『전북 노동요』, 전주: 전북대 박물관.

자료집이다. 이 자료집의 가장 큰 장점은 전북민요 및 전북민요 자료들에 관한 자세한 해설을 포함한 사설집과 CD 음반을 함께 간행했다는 점이다.[21]

노복순(1995)은『한국민요대전』(전라북도 편)의 민요 채보를 담당하면서 파악된, 전북민요 전반에 나타나고 있는 음악적 특징을 간략하게 논의하고 있어서, 전북민요의 음악적 특징을 파악하는 데에 도움이 된다.[22]

김익두(1996)는 전북민요에 관한 최초의 전반적인 본격 연구이다. 이 논문에 의해서 비로소, 전북민요의 전반적인 성격과 지역적인 특징들이 종합적으로 논의되고 어느 정도 밝혀지게 되었다.[23]

김익두(1997)는 민족음악학적인 관점과 방법으로 전북 동북부 산간지역에 전승되는 노동요 자료들을 분석 · 해석하여 이 민요들 속에 반영되어 있는 사회와 문화와 삶의 의미를 살펴본 연구이다.[24]

김성식 외(1998)은 전북지역의 민요가 전승되는 대표적인 마을들을 각 지역별로 선정하여, 그 각 마을들의 민요에 관해서 비교적 자세하게 조사 · 정리한 민요 민족지 자료집이다. 이 책의 장점은 전북지역의 대표적인 민요들을 그것이 전승되는 마을별로 자세한 민족지적 기록을 통해서 접할 수 있다는 점이다. 총 13개 마을의 민요 민족지가 정리되었다.[25]

김익두(1998)는 전북지역에 전승되는 노동요를 중심으로 하여, 전북지역 민요의 세계를 민족음악학적 · 공연학적으로 해석한 연구이다. 자연-인

---

21 김익두(1995),『한국민요대전』(전라북도 민요 해설집), 서울: 문화방송.

22 노복순(1995),「전북민요의 음악적 특성」,『한국민요대전』, 서울: 문화방송, 30-35쪽.

23 김익두(1996),「전북민요의 전반적 성격과 지역적 특성」,『국어국문학』116호, 국어국문학회, 127-156쪽.

24 김익두(1997),「한국민요에 반영된 삶의 의미: 전북 동북부 산간지역의 전답작노동요를 중심으로 한 민족음악학적 시론」,『역사민속학』6집, 한국역사민속학회, 209-228쪽.

25 김성식 · 서경숙 외(1998),『전북의 민요 마을』, 전주: 전북도립국악원.

문환경과 노동요의 관계, 생산노동과 노동요의 관계, 노동요 분화와 사회 분화의 관계, 성별 및 식량 생산과 노동요의 관계, 가창형식과 사회 계층구조의 관계, 가사 및 가장형식과 문화유형의 관계, 곡조의 사회적 의미, 민요의 공연방식과 문화의 관계, 반주악기상의 특성, 미학적 특징, 전승 및 교육의 문제 등을 종합적으로 분석 · 해석하고 있다.[26]

이영일(2000)은 김익두(1989, 1990, 1995)의 노동요 자료들을 근거로 하여, 전북민요의 지역적 특징들을 간략히 논의한 연구이다.[27]

김월덕(2004)은 순창군 금과면 모정리 들노래 곧 '순창 금과 들소리'의 자연-인문 환경, 노동 관행과 노동요의 상관성, 곡조 · 가창방식의 특징, 전승환경의 변화와 노동요의 변화 등을 구체적으로 조사 분석한 논의이다.[28]

전주향토문화연구소 편(2004)는 순창군의 금과면 · 구림면 · 동계면 · 유등면 · 복흥면 · 쌍치면 · 인계면 · 적성면 · 팔덕면 · 순창읍의 전승민요들을 조사 정리한 조사보고서인데, 이 중에 특히 금과면의 민요들이 집중적으로 조사 정리되고 있다.[29]

손인애(2005)은 전북 · 전남 일부 지역에 나타나고 있는 이른바 '배꽃타령' 계통의 노래들의 특징 및 전파 · 영향관계를 논의하는 가운데, 전북지역 민요에 나타나는 이 '배꽃타령' 계통의 노래들은 논의하고 있는데, 그 결론은 이 계통의 노래들이 현행 경기민요 '는실타령', 황해도 통속민요 '배꽃타령', 그리고 '길군악' 상관관계가 있다는 것이다. 이러한 논의는 물론 특히

26 김익두(1998), 「민요의 시학과 정치학: 전북지역 노동요의 공연학적/민족음악학적 해석」, 『한국민속학』 30집, 한국민속학회, 23-48쪽.

27 이영일(2000), 「전북 노동요 연구」, 전북대 국문과 석사논문.

28 김월덕(2004), 「순창군 금과면 모정리 들노래의 지역적 특성과 문화적 전개」, 『구비문학연구』 19집, 한국구비문학회, 317-346쪽. [최동현 편(2005), 『판소리의 미학과 역사』, 서울: 민속원, 485-511쪽 재수록].

29 전주향토문화연구소 편(2004), 『순창 구전민요집』, 순창: 순창군청.

앞서 언급한 전북민요 현장 조사 정리 자료들의 업적이 없이는 불가능한 것이다.[30]

이소라(2005)는 순창 금과 들소리를 중심으로 조사된 순창민요들의 가사와 채보 악보를 실어놓은 책이다.[31]

김성식(2006)은 민족음악학적인 관점에서 전북 순창군 유등면 학촌 마을 논농사 노동요와 이 지역의 문화와의 관계를 탐구한 민족지적인 연구이다.[32]

김익두(2008)는 역시 민족음악학적인 관점에서 전북민요의 미학을 탐구한 연구이다. 이 연구를 통해서 전북민요의 미학적 특징으로 개방적 수용성, 융합적 충돌성, 적층적 변이성 등이 구체적으로 지적되고 논의되면서, 전북민요의 이러한 일련의 융합적인 전개 양상을 '소용돌이의 미학'으로 정리하고 있다.[33]

김혜정(2001)은 남원시 12개면에 걸쳐 전승되고 있는 민요들을 조사 정리한 것으로, 이 지역 민요의 전승과 분포 현황을 살피는 데 많은 도움이 된다. 1개 시군 지역의 전승 민요들을 최근에 들어 조사 정리함으로써, 2000년대 전북민요의 현장 전승 현황을 파악할 수 있는 장점이 있다.[34]

임미선(2011)은 전북민요에 타나타고 있는 토리 혹은 조의 혼효 현상을 고찰한 논의인데, 남도계면조가 우세하면서도 경기민요 및 동부민요의 토

---

30 손인애(2005), 「토속민요 배꽃타령계통 소리 연구」, 『한국민요학』 17집, 한국민요학회, 173-208쪽.

31 이소라(2005), 『순창의 민요』, 순창: 금과들소리보존회.

32 김성식(2006), 「전북지역 논농사 민요 연구: 순창군 유등면 학촌마을 '논매는소리'를 중심으로」, 전북대 국문과 석사논문.

33 김익두(2008), 「전북민요의 '소용돌이 미학': 노동요를 중심으로」, 『한국민요학』 22집, 한국민요학회, 17-37쪽.

34 김혜정(2001), 『남원지역 사람들의 삶과 노래』, 남원: 국립민속국악원.

리 혹은 조가 여러 다양한 양상으로 혼요되어 나타나는 현상들을 구체적인 민요 사례들을 통해 논증하고 있다.[35] 이 논의는 김익두(2008)에서 논의하고 있는 전북민요의 융합적 특징인 '소용돌이의 미학'을 음악학적인 관점에서 논증하고 있다는 점에서, 상호보완적인 관계를 가지고 있다.

강재욱(2011)은 전북지역 노동요를 '토리'를 중심으로 음악학적인 관점에서 분석하여, 이 지역의 민요가 다른 지역의 그것과 달리 여러 가지 토리들을 활용한다는 점을 지적하면서, 이것은 이 지역의 민요가 외지로부터 노래가 유입되면서 그곳의 음악적 토리를 함께 수용하기도 하고, 또 그것을 거부하고 스스로의 토리로 외지의 노래를 소화하는 능동적인 동력도 가지고 있다는 점을 지적한다. 그리고 이러한 이 지역 민요의 특징은 우리나라 민요의 기본적인 토리 가운데 수심가토리를 제외한 육자배기토리 · 경토리 · 남부경토리 · 메나리토리 등이 두루 활용되고 있음을 밝혀낸다. 또한 이 중에 적어도 두세 가지의 토리가 혼합되어 사용된다는 점과, 그 중에서는 경토리의 비중이 높게 나타난다는 점도 지적한다. 이 연구도 김익두(2008)의 논의에서 전북민요의 중요한 미학적 특징으로 지적한 '소용돌이'의 미학을 '토리'를 중심으로 한 음악학적 분석을 통해서 논증해주고 있다는 점에서, 학문적으로 서로 상호보완적인 관계를 보여주는 연구이다.[36]

김익두(2012)는 연구자가 평생 동안 조사 연구해온 전북민요에 관한 종합적인 연구서로서, 민족음학학/음악인류학적인 관점에서 전북민요를 토착민요인 노동요을 중심으로 분석 · 해석하면서, 전북민요의 지역적 특성, 전북민요에 반영된 삶의 의미, 전북민요의 미학 등을 전반적으로 다루고

---

35 임미선(2011), 「전북민요에서 나타나는 경기, 동부민요적 음악현상」, 『정신문화연구』 제34권 2호, 한국학중앙연구원, 247-274쪽.

36 강재욱(2011), 「전북지역 논매는소리의 분포와 토리 활용 양상」, 한양대 국악과 석사논문.

있다.[37] 이 연구서에 이르러서, 비로소 전북민요의 전반적-종합적 성격 · 특성 · 미학 등이 전체적으로 다루어졌다.

허정주(2014)는 시대적 컨텍스트에 따라 '소리꾼' 곧 민요 창자의 성격이 달라지는 점에 주목하여, 노동요와 같은 전통 토착민요들이 그 현장에서 사라지는 문제를 해결하는 바람직한 방향으로, 전북민요들이 보존 · 전승해온 다양한 지역 토리를 활용하는 예술가요 소리꾼들이 나와서, 그들이 창조해내는 성공적인 '예술가요들'이 많이 만들어지고, 그것들이 다시 '대중가요'로 전환되는 순환적 피드백 과정이 활성화 되어야 함을 논의한다.[38]

이보형(2015)은 전북 임실군 삼계면 두월리 농요의 특성을 음악학적인 관점에서 논의한 것으로, 이 지역 민요에서 발견되는 메나리토리, 남부경토리 등의 특성을 지적하고 있다.[39]

허정주(2016)는 전북 김제시 만경면 대동리 일대에 전승되어오는 들소리인 '외애밋들 들소리'에 관한 민족지적 연구로서, 이 지역 들소리의 노동관행, 들소리의 종류(논꾸미는소리, 모심는소리, 논매는소리, 장원질소리, 벼베는소리/나락비는소리, 등짐소리), 가창방식, 음색 및 창법, 반주음악 등에 관해 구체적으로 논의하고 있다.[40]

허정주(2017)는 전국적으로 가장 다양한 토리와 조의 전개를 보여주고 있는 전북민요가 전국적으로 가장 적은 숫자인 2개의 문화재 지정 현상을 보이고 있다는 점을 문제 삼아, 전북민요 문화재 지정 현황의 문제점들을

---

37 김익두(2012), 『한국민요의 민족음악학적 연구』, 서울: 민속원.

38 허정주(2014), 「한국 민요의 시대적 컨텍스트 변모에 따른 소리꾼의 변모 양상과 그 문제점: 전북민요의 경우」, 『민속연구』 28집, 안동대 민속학연구소, 191-219쪽.

39 이보형(2015), 「임실군 삼계면 두월리 농요의 특성」, 『2015 한국민요학회 전국학술대회자료집』, 한국민요학회, 145-155쪽.

40 허정주(2016), 「전북 김제농요 '외에밋들노래'의 지역적 위상과 가치」, 『한국민요학』 47집, 한국민요학회, 269-296쪽.

전북민요의 다양성을 들어 구체적으로 지적하고 있다.[41]

임실군 편(2018)은 임실군청에서 발간한 임실군 삼계면 두월리 뒷골 마을 논농사노래인 이른바 '말천방 들노래'를 정리해 놓은 책자이다.[42]

김혜정(2019)은 전북 진안군 마령면 평지리 민요의 음악적 특징과 그 안에서 사당패소리의 영향, 메나리토리의 영향, 그리고 하행종지의 상행종지화, 장식음적 시김새가 아닌 떠는 시김새의 강화, 토리의 전체적 변화 상에서 나타나는 남도민요화 현상을 분석 고찰하고 있다.[43]

이 연구서는, 이상과 같은 전북민요 연구사의 토대와 지평에서, 전북 순창민요, 그 중에서도 '순창 금과 들소리'의 음악문화 특히 한국 민요문화 속에서 '순창 금과 들소리'가 차지하고 있는 한국민요 상에서의 위상과 의미와 민요학적 가치에 관한 다각적인 논의들을 종합한 것이다.

먼저, 나승만 교수의 「호남 들소리의 전반적 양상과 순창 금과 들소리의 민요문화적 위상」은 '들소리/들노래' 곧 논농사 노래가 호남문화의 기층을 드러내는 문화적 표상임을 강조한 다음, 호남 들소리의 몇 가지 특징들, 호남 들소리의 문화권을 논의하고, 이런 호남 들소리 문화권 상에서의 순창 금과 들소리의 지역-문화적 위상을 다루면서, 순창 금과 들소리의 지역-문화적 위상을 '한국의 들소리가 모이는 터미널'로서의 성격을 가진다고 일단락짓고 있다. 이는 순창 금과 들소리가 공교롭게도 호남 들소리의 문화권 상으로 볼 때 지역적으로 그 호남지역의 '중간지역'에 걸쳐 있어서, 마치 여

41 허정주(2017), 「전북민요의 지역적 특성과 무형문화재 지정문제: 전라북도 민요분야 무형문화재 지정을 위한 문제점 검토와 몇 가지 제언」, 『한국민요학』 49집, 한국민요학회, 249-278쪽.

42 임실군 편(2018), 『임실의 소리, 말천방 들노래』, 임실: 임실군청.

43 김혜정(2019), 「전북 진안군 마령면 민요의 음악적 특징과 지리적 · 장르적 접변양상」, 『기전문화연구』 40집, 경인교육대학교 기전문화연구소, 103-123쪽.

러 지역의 사람/문화들이 한 군데로 모여드는 교통상의 '터미널'과 같은 지역적 위상과 의미를 이루어내고 있다는 점을 분명하게 갈파한다. 그런 다음, 나교수는 조심스럽게 이러한 호남 들소리가 앞서 허정주(2014)가 지적 논의한 바의 우리 토착노동요/들소리의 현재적 가치로서, 오늘날 전 세계를 휩쓸고 있는 우리나라 'K-pop' 창조의 근원적 토대로서의 호남 들소리의 의미와 가치와 의의를 언급한다.

김익두의 「전북민요의 지역적 특성과 순창 민요 '금과 들소리'의 무형문화유산적 가치」는 앞의 나교수가 논의한 호남 들소리에 관한 전반적인 논의를 뒤이어, 그 중에서 전북지역 들소리의 지역적 특성과 무형문화유산적 가치, 특히 순창 금과 들소리의 무형문화유산적 가치를 논의한다. 구체적으로는 먼저 전북민요를 북동부-산간 민요권, 동남부-산간분지 민요권, 서북부-평야 민요권, 서남부-평야 산간 민요권, 서부-해안 도서 민요권 등 5개의 민요권으로 구분하고, 그 중에서 순창 금과 들소리가 속해 있는 동남부-산간분지 민요권의 특징을 지역-지형, 노동요의 종류, 가창방식, 가창자, 곡조의 기능별 분화, 음악어법 등의 측면에서 구체적으로 논의한 다음, 이 지역(남원 · 임실 · 순창)의 대표적인 전승 들소리의 기능별 종류의 분화 양상을 기술한다. 그 다음으로 순창지역의 소지역별 들소리의 전개 양상을 팔덕면 · 유등면 · 금과면의 대표적인 사례를 들어 구체적으로 기술한 다음, 이런 기술을 통해서 드러난 특장점들을 근거로 하여, 순창 금과 들소리의 무형문화유산으로서의 의미 · 가치 · 의의를 분석 기술함으로써 결론에 이르고 있다.

김월덕 박사의 「순창 금과 들소리의 지역적 특성과 문화적 전개」는 여기서 좀더 논의를 좁혀서, 이 책이 논의의 중심으로 삼고 있는 순창 금과 들소리 전승 현장을 민족음악학적인 관점에서 답사조사를 하여, 금과 들소리가 전승되고 있는 금과면 모정리 일대의 자연-인문적 환경, 그리고 그러한 자연-인문 환경을 바탕으로 이루어진 이 마을의 논농사 노동관행 및 그러한 노동관행에 따라 이루어진 금과 들소리와의 상관관계를 논의한 다음, 순창지역 음악문화 속에서 이루어진 금과 들소리의 음악적 특징들을 다양한 각도에서 구체적으로 논의한다. 마지막으로는, 최근 금과 들소리의 급격한 전승환경의 변화로 인한 금과 들소리의 새로운 변화의 문제를 다루는 것으로 결론을 맺고 있다.

강재욱 박사의 「순창 금과 들소리의 지역적 성격과 음악적 특성 - 논매는 소리를 중심으로」는 금과 들소리 음악적 성격과 특성을 음악학적인 관점에서 논의한 것으로, 강박사의 이전 논문인 강재욱(2011)의 연장선 상에 놓인 연구이다. 이번의 논의에서는 순창 금과 들소리의 음악적 내역을 그 채보 분석을 통해서 구체적으로 밝히고자 한다. 이 논의에 의하면 금과 들소리에는 남도민요뿐만 아니라, 경기민요 · 동부민요의 음악적 요소가 많이 나타나며, 음역이 1옥타브 이상의 음역을 활용하는 등의 음악적 특징이 있다는 점도 지적해내고 있다.

허정주 박사의 「한국민요의 무형문화재 지정 현황과 전북민요 문화재 지정의 문제점」은 먼저 한국민요의 문화재 지정 현황을 도표로 자세히 제시 설명한 정리한 다음, 전라북도의 각 지역별로 문화재 지정이 필요한 주요 들소리 및 상여소리 등을 조사 정리하고, 전북민요의 문화재 지정 현황과 관련된 여러 심각한 문제점들을 구체적으로 지적한다. 마직막으로, 순창 금과 들소리와 같은 주요 문화재가 어째서 국가문화재로 전환 등재되어야만 하는가에 관한 논의를 거쳐, 전북민요 문화재 지정의 바람직한 방향을 제시하고 논의를 마무리하고 있다.

마지막으로, 송화섭 교수의 「순창 역사-민속 문화의 배경과 금과 들소리의 바람직한 전승 방향」은 역사-민속학자의 입장에서 순창 금과 들소리의 민속문화적 배경을 탐구하고자 한다. 이를 위해 본 논의는 먼저 순창지역의 역사-민속문화적 배경상의 특성들을 기술한 다음, 금과 들소리의 인문-사회적 환경을 논의하고, 이러한 전승환경 속에서의 순창 금과 들소리의 바람직한 전승 방향을 언급하고 논의를 마무리한다.

이상에서, 지금까지 이루어진 전북민요에 관한 주요 조사 정리 및 연구 현황들을 비교적 자세히 검토하고, 이를 전제로 이루어진 순창 금과 들소리 연구 현황도 구체적으로 기술하였다. 그리고, 맨 마지막에는 이 책이 다루고 있는 순창 금과 들소리 분여 연구 논문들의 내용을 개괄적으로 기술하였다.

이 책의 간행은 2023년 가을 순창군과 순창 금과 들소리 보존회의 크나큰 배려에 의해 이루어지게 되었다. 이 자리를 빌려 순창군 최영일 군수님과 순창군의회 신정이 의장님, 그리고 순창문화원 전인백 위원장님, 특히 금과 들소리 보존회의 김봉호 회장님의 정성어린 배려와 후의에 깊은 감사의 말씀을 드리고자 한다.

아무쪼록, 이 책의 간행이 우리나라 민요문화 속에서 차지하고 있는 순창민요, 특히 '순창 금과 들소리'의 민요사적-민요문화적 의미와 의의와 가치를 구체적으로 제대로 드러내는 중요한 계기가 되기를 간절히 바란다.

2024년 2월 25일

사단법인 민족문화연구소장

김익두 삼가.

목 차

Contents

전북민요의 지역적 특성과 순창 민요 '금과 들소리'의 무형문화유산적 가치 | 김익두

순창 '금과 들소리'의 지역적 특성과 문화적 전개 | 김월덕

호남 들소리의 전반적 양상과 순창 '금과 들소리'의 민요문화적 위상

나승만
전 목포대 국문과 교수, 전 한국민요학회 회장

호남 들소리의 전반적 양상과 순창 '금과 들소리'의 민요문화적 위상

Ⅰ. 서언 : 들소리/들노래는 호남문화의 표상이다

대지와 인간의 몸이 하나로 인식되던 시대가 있었다. 그 시대의 대지는 사람의 피부와 같았다. 그래서 쟁기로 논밭을 가는 것이 위대한 대지의 신 할머니의 배를 가르는 것으로 이해했다. 이 시대의 할머니 · 할아버지라는 용어는 나이 많은 늙은이가 아니라 위대하고 능력있고 신령스런 큰 존재의 의미를 지닌다. 재담 있는 농군들은 모심는 것을 여성들의 샅에 물건을 꽂는 것으로 묘사했다. 내 땅, 내 논에서 마음껏 농사를 지을 수 있다면 그것은 최고의 행복이었다. 볏짚으로 이은 초가에서 따뜻한 살림살이를 차렸고, 짚으로 만든 바구니를 끼고 산으로 들로, 강으로 바다로 나다니며 삶을 꾸려갔다. 짚으로 금줄을 둘러치면 어떤 악귀도 침범할 수 없는 신성한 공간이 되었다. 벼는 신성했고, 존중되었으며, 무한한 힘을 지닌 민족의 생명선으로 인식되었다.

농업의 시대는 들노래의 시대이기도 했다. 농군들은 들노래를 불러 대지와 온 산천을 소리로 감동시켰다. 그 소리를 듣는 사람들은 흥겨움이 절로

솟아 작열하는 태양의 뜨거움도, 수고도, 나쁜 감정도 모두 잊고 따뜻한 마음이 넘치게 된다. 그래서 들소리를 부르고 듣는 사람들은 그 소리로 인해 새로운 힘을 얻었다. 대지는 그 소리를 듣고 새롭게 되어 농군들에게 풍년을 약속했다.

이앙법이 전국으로 확산되면서 들소리를 더욱 힘차게 부른 것은 조선 후기부터다. 이 시기 민족 최대의 화두는 식량문제의 해결이었다. 모심기 이앙법을 채택하고 간척, 개간으로 농지 면적을 확대하여 식량문제를 해결하는 것이 민족 최대의 과제였다. 이 시기부터 이앙법 신기술자들은 식량문제 해결이라는 민족적 사명을 짊어진 최첨단 기술자 집단들이었다. 들소리 가수야말로 최고의 대접을 받는 첨단 능력의 지식자원이고 인기인이었다.

호남의 들소리에는 호남의 자연환경, 주민들, 사회 역사상이 그대로 담겨 있다. 벼농사에 알맞은 기후조건, 산지와 평지, 간척지에 펼쳐진 농경지는 들소리를 형성한 귀중한 자연환경이다. 그리고 이곳에 뿌리박고 살면서 농경법을 개척해 농업생산력을 확대했으며, 생산된 식량으로 사회발전에 귀중한 밑거름을 제공한 호남의 농군들이 들소리의 주인공들이다.

들소리에 담긴 호남 농민들의 창조력과 생명력은 실로 대단하다. 농사일을 하면서 두레와 품앗이 등 노동조직을 구성하여 인력운영을 체계적으로 했다. 그리고 그 과정에서 자신들의 독특한 사회역사적 미학이 담긴 들소리를 만들어 냈다.

호남 들판에서 들소리가 사라진지 반세기가 넘었다. 지금은 어느 곳에서도 들소리를 들을 수 없게 되었다. 그 이유는 크게 3가지 — 산업사회에로의 전환, 농업생산기술의 변화, 한국전쟁의 영향 — 로 요약할 수 있을 것이다. 일제 강점기부터 한국사회는 점진적으로 산업사회로 나아갔다. 점차 농업사회 기반이 약화되고 문화적 가치도 모르는 사이에 절하되었다. 그리고 사람들이 도시로 이동했다. 특히 1970년대 이후 급속히 산업사회로 진입하여 젊은 농민들이 도시의 노동자로 이주하였다. 농업기술의 변화도 들소리 소멸의 주 요인이다. 농업기술도 전통적으로 인지되어 왔던 생태적 생산기술을 포기하고 생산량 확대를 중시하는 방향으로 개발되었다. 그래서 농업사회의 동력이던 들소리는 기계와 비료, 농약으로 대체되었다. 한국전쟁의 결과 농촌 마을들의 활동이 크게 위축되었다. 특히 한국전쟁에서 마을 내 계급갈등으로 인해 공동체 문화의 기본이 되었던 인적 네트워크가 상당히 붕괴되었다. 이 세 가지 요인이 거의 동시에 작용하여 들소리 시대는 막을 내리게 되었다.

그 동안 호남 들소리를 품고 있던 많은 사람들이 세상을 떴다. 이제 마지막 남은 들소리 용사들이 들소리의 문화적 씨앗을 간직하고 그 씨앗을 품고 있다. 호남의 귀중한 문화자원인 들소리를 보존하고 전승하기 위해 호남인들은 더욱 노력해야 한다.

Ⅱ. 호남 들소리의 특징 몇 가지

호남 들소리는 호남의 농군들이 농사를 지으면서 부르는 노래다. 들노래라고도 한다. 특히 논농사를 지으면서 부른 노래를 들소리라고 한다. 1970년대만 하더라도 호남이라고 하면 전남북과 충청도 일대를 포함한 공간이었으나 1980년 이후에는 주로 전남북을 이르는 말로 인식되고 있다. 호남과 같은 의미로 사용되는 말로 남도가 있다. 남도민요, 남도소리 등 소리문화에서는 지금도 잘 쓰고 있고, 이 경우에는 전남북 경계 구분 없이 전라도 소리를 의미한다.

호남 들소리는 몇 가지 특징이 있다. 먼저 들소리는 논농사 일을 하면서 부르는 노동의 노래다. 농군들, 특히 두레꾼들이 부르는 공동체 집단가무라는 점이다. 두 번째로는 모찌기, 모심기, 논매기, 풍장에서 부르는 노래로 갈래가 나누어져 있고, 세 번째는 일정하게 지역분포권이 형성되어 있다는 점이다. 네 번째로는 선후창 방식이 많다는 점이다. 다섯 번째로는 악곡 진행이 '느리게'에서 '빠르게'로 진행된다는 점이다.

1. 들소리는 두레꾼들이 부르는 노래다

호남에서 부르고 있는 들소리는 두레꾼들의 노래였다는 데에 큰 의의가 있다. 우리가 일반적으로 오래 되었을 것이라고 생각하는 모심기노래만 하더라도 두레활동이 활발해지고 이앙법이 보편화된 조선 후기에 이르러서야 일반화된 노래다. 물론 그 전에도 이런 노래들이 있었지만 그 노래에 부여하는 의미가 달랐다. 말하자면 이 시대의 들소리는 민중들로부터 애창되고 대접받는 노래였다.

두레는 이 시대의 문제를 해결하기 위한 시대적 사명을 안고 만들어진 기층민중의 생산조직이라고 할 수 있다. 이 시기에 이르러 더 많은 식량과 물자가 필요했고, 이를 해결하기 위한 최선의 방법은 많은 농경지를 개척해 필요한 식량을 많이 생산해 내는 일이었다.

두레는 이러한 시대적 상황을 배경으로 성립된 민중의 생산조직이었으며, 생산력 향상에 기여하면서 전통사회 내에서도 민중권을 대표하는 권위를 갖게 되었다. 향촌의 촌로들이 들려주는 옛날 이야기에 의하면, 양반들이 두레꾼들이 일하고 있는 들판을 말타고 지나가다 농군들에게 끌려가 봉변을 당했다고 한다. 당시의 두레가 지닌 권위를 단적으로 설명하는 사례다.

두레공동체의 예능은 당시 민중들의 최고 연행예술의 집합체였다. 조선후기의 두레가 지닌 생산력, 사회적 중요도가 당시의 사회분위기와 맞물리면서 농군들은 자신들의 권위를 두레를 통해 표현했다고 생각된다. 권위의 표현은 단지 위세를 부리는 것에 머물지 않고, 자신들이 지닌 연행 예술 중 최고의 연희 형태인 풍물과 노래를 두레 공동작업에서 연행함으로써, 자신들이 지닌 역동적 힘을 과시하는 것으로 드러냈다. 들소리가 전통사회의 예능에서 절대적 우위를 차지할 수 있었던 것은 이와같은 두레의 위상 때문이었다.

호남지역 두레는 반촌과 민촌에 따라 구분이 있다. 두 유형의 마을은 마을의 전체 의사를 결정하고 실행하는 방식이나 그에 따른 문화의 양상이 구별된다. 어떤 층의 뜻에 맞게 의사가 결정되는가에 따라 마을의 문화양상이 표면에 다르게 드러난다.

양반마을의 인적 구성을 보면 지배세력인 소수의 사족 부농층이 중심 세력이 되고 소작농을 포함한 다수의 농민, 노비 등이 피지배층이 되며, 양 세력의 중간에 매개자들이 있다. 이러한 권력구조를 지닌 양반마을의 두레 활동이란 자연히 양반들의 생산력 향상에 보다 유리하게 운영되었을 것으로 생각된다. 이러한 마을의 전형적인 사례로 장흥군 관산읍 방촌마을의 두레를 들 수 있다.[1] 1940년대까지 전승되어 왔으며 1970년대까지 그 유풍을 간직했던 장흥군 관산읍 방촌마을의 두레조직과 운영에 대해 알아보자.

방촌 들의 농지는 네 집에서 독점하다시피 했고 일부가 자작할 수 있는

---

1 조경만이 논의한 1940년 전후에 이루어진 추양리의 두레활동을 검토해 보면, 마을의 사회구조를 명확히 제시하지는 않았지만 두레 활동이 지배 부농의 농업경영에 유리하도록 돌아갔으며, 지배부농들은 두레활동에 따른 예술연행에 물적 자원을 제공하여, 부농에 치우친 두레활동을 원활하게 이끌어가는데 기여했다는 추측을 가능하게 한다. 주강현도 전통사회에서 두레공동체는 민중사의 자랑스런 부분인 동시에 제한성도 인식해야 올바른 이해가 가능하다고 말하고 있다. 조경만, 「농업노동형태의 생태 · 경제적 맥락」, 『한국문화인류학』 제19집, 1987. 주강현, 『두레, 농민의 역사』, 들녘, 2006, 56쪽.

정도의 농지를 소유했기 때문에, 나머지 사람들은 다른 마을의 농지를 구입하여 외작을 벌어야 했고, 방촌 들의 농지는 네 지주로부터 소작을 해야 했다.

방촌에서는 두레와 소동을 차별을 두지 않고 같은 의미로 사용하고 있다. 여천군 소라면 현천리의 경우 소동이란 대동인 어른 두레에 상대되는 말인데, 방촌에서의 소동이라면 어른두레꾼들을 부르는 명칭으로 통한다. 소동패에 가입하면 진새가 된다. 진새는 성인 농군을 이르는 말인데, 17-8살이 되어 농사일과 나무를 할 수 있으면 진새가 될 자격이 주어진다. 진새가 되려면 유두, 칠석, 또는 백중에 집에서 만든 막걸리 한 동우, 무우, 호박나물, 명태 한 짝, 또는 여유가 있으면 개를 잡아서 마을 어른들을 대접해야 한다. 이는 진새가 되기 위해 치러야 하는 농군의 법규다.[2]

이와는 대조적으로 여러 성씨들이 모여 사는 민촌에서의 두레 활동은 그만큼 민중의 정서를 반영했을 것으로 생각된다[3]. 특히 민촌의 전형이라고 할 수 있는 전남의 도서 해안지역 마을의 두레에는 남여가 공동으로 참여하였기 때문에, 남자들만으로 구성된 내륙지역의 두레보다 홍겨운 면들이 많다.

---

2 발표자 현지 조사.

3 민촌에서의 두레 형성에 대해서는 이론이 있을 수 있겠으나, 다음의 두 경우였을 것으로 생각된다. 첫째는 역사가 오래된 민촌에서 두레가 형성된 경우, 둘째는 조선조 후기, 말기에 새로운 민촌이 건설되면서 두레가 결성된 경우다. 첫째의 경우, 일찌기 설립된 민촌의 경우 두레활동의 자취를 발견할 수 있다. 가령 진도군 지산면 소포리의 경우 전형적인 민촌으로 염업을 주 소득원으로 삼는 마을인데, 일제 강점기에도 두레활동이 있었고 두레노래가 전승되어 오고 있다. 염업의 경영이나 경작지 소유 분포도 비교적 균등해서 사족지배 마을에서 살기 어려운 사람들이 이주해오는 경우가 많았다고 한다. 둘째의 경우, 18-9세기의 사회적 변동과정에서 지배 사족층으로부터 이탈하거나 분리하여 새로 건설된 신촌에서 두레를 형성할 만한 경제적 토대를 마련할 수 있었겠느냐는 점 등이 신중히 고려되어야 할 것이다. 함평군 학교면 진례리의 경우 영산강변에 위치한 마을로 제언의 구축과 함께 확대된 마을인데, 이 마을에서는 두레를 결성하여 마을 경작지의 제초작업을 하며, 강변의 제언을 수리하고 다른 마을의 제초작업을 해주고 마을 공동기금을 마련했다. 사족지배 마을의 두레와 민촌의 두레가 사회적 현상에 대응하는 태도는 각기 달랐을 것으로 생각되기 때문에 두레의 성격을 다변화시킬 필요가 있다.

서남해 섬에서는 논농사나 밭농사를 여성들이 많이 한다. 진도군, 신안군, 완도군, 고흥군, 여천군이 그렇다. 전남 진도군의 경우 논농사 밭농사를 여성들이 많이 하는데, 남성들은 어업에 종사하기 때문이다. 잘 알려진 진도군 지산면 들소리는 여성들이 부른다. 논농사 일을 여성들이 하고 남성들은 악사로 참여한다. 여성 민요창자들이 많고 또 여성들의 노래문화가 활발히 이루어 졌다. 들소리에의 참여도 마찬가지여서 들소리의 유능한 설소리꾼들 중에는 여성 소리꾼이 많고 일도 여성들이 중심이 되어서 한다.[4]

2. 들소리는 논농사를 하는 모든 과정에서 부른다

들소리는 모찌기노래, 모심기노래, 논매기노래, 풍장노래의 순서로 되어 있어서 벼의 성장과 수확 과정에 맞춰 부른다. 들소리는 주로 논농사인 벼농사를 하면서 부른다. 논매기에서는 마을 농군들이 모두 참여하는 두레를 구성하여 한다. 작은 마을은 한 패의 두레꾼들이 하고 큰 마을은 구역을 나눠 두세 패의 두레가 만들어진다. 전통시대에는 논과 밭의 노동주체가 구분되었다. 논농사는 남성들이, 밭농사는 여성들이 한다. 그러나 서남해 섬과 인근 육지인 해남, 고흥, 여천 등지에서는 논농사나 밭농사를 여성들이 하는 사례가 있다. 잘 알려진 진도군 지산면 들소리는 여성들이 부른다. 논농사 일을 여성들이 하고 남성들은 악사로 참여한다.

4 필자 현지조사. 전북대 김익두 교수의 조사 및 연구에 의하면, 전북 동북부 산지지역 노동요에서도 평야지역에 비해 여성들의 참여가 상대적으로 높다고 한다. 이는 특히 이 지역에 발달한 밭매는노래를 여성들이 주도하여 부르기 때문이다.

1) 모 찌면서 노래하는 곳이 많다

모찌기노래는 모판에서 어린 모를 모판에서 뽑을 때 부른다. 볍씨를 모판에 바로 뿌려 모를 키우는 것이 아니다. 콩나물 시루처럼 시루에 앉혀 따뜻한 안방 아랫목에서 싹을 틔운 다음 모판에 뿌린다. 모판에서 모를 키운 다음 모심기 철이 되면 어린 모를 뽑아 모심기 하는 논으로 옮기는데, 이를 모찌기라고 하며, 이때 부르는 노래를 모찌기노래라고 한다. 이른 새벽이나 아침에 한다. 아침밥 먹기 전이어서 조용하고 조심스럽게 부른다. 풍물을 치지 않는다. 모찌기노래는 부르지 않는 곳도 있다.

모찌기노래는 지역, 마을에 따라 다른 경향이 있다. 다음은 순창군 금과면 모정리 모찌기노래다.[5]

메: 쪘네 쪘네 나도 한줌 쪘네

받: 쪘네 쪘네 나도 한줌 쪘네

메: 모농사가 반절농사라네 애지중지 쪄보세

받: 쪘네 쪘네 나도 한줌 쪘네

함평군 학교면 금송리 모찌기 노래다.[6]

메: 에-헤-라 먼-들-

받: 에-헤-라 먼-들-

메: 무세무세 모를무세

5 박순호, 『순창 구전 민요집』, 순창군청, 2004, 7쪽.

6 나승만, 「전남지역의 들노래 연구」, 전남대학교 박사학위 논문, 1990, 18쪽.

받: 에-헤-라 먼-들-

고흥군 도덕면 용동리 한적마을에서는 모찌고 심는 일을 여자들이 한다. 이른 아침에 모를 찌는데, 새벽 식전에는 늦은 모찌기노래인 방애타령을 부르면 안개 자욱한 새벽이면 신비스런 느낌을 준다고 한다. 아침밥을 먹은 후에는 잦은모찌기 노래인 두헐래소리를 한다.

늦은모찌기 노래인 방애타령은 다음과 같다.[7]

메: 에헤-야 에-헤헤-이여- 방애-에게로다

받: 에헤-야 에-헤헤-이여- 방애-에게로다

메: 방애소리 잘맞어주소

받: 에헤-야 에-헤헤-이여- 방애-에게로다

메: 손세워주소 손세워주소

받: 에헤-야 에-헤헤-이여- 방애-에게로다

메: 못뚜덕에 손세워주소

받: 에헤-야 에-헤헤-이여- 방애-에게로다

잦은모찌기노래인 두헐래소리는 다음과 같다.

메: 어기야-자자자 두헐래라

받: 어기야-자자자 두헐래라

메: 울어머니 나를거느리고

7 나승만, 앞의 논문, 47-49쪽.

거느리고 살어나봅시다

받: 어기야-자자자 두헐래라

메: 산을좇아서 구경을가는

들에맘을 풀어나봅시다

받: 어기야-자자자 두헐래라

2) 모심기노래 상사소리는 호남의 온 들판에서 부른다

모심기노래는 모를 심으면서 부른다. 호남의 모심기는 두 방식이 있는데, 흐튼모심기와 줄모심기가 있다. 흐튼모심기는 줄 없이 일꾼들이 각자 감각에 맞춰 심거나 모를 흩뿌려서 심는 것이다. 줄모심기는 못줄에 맞춰 심는 것으로 일제강점기 때 보급된 것이다. 어느 때나 모심기 노래를 불렀지만 흐튼모심기에서 작업 페이스를 조절하는 등 더 많은 역할을 한다.

모심기노래는 상사소리를 주로 부른다. 호남의 대부분 지역에서 모심기 노래는 상사소리로 통일되어 있다. 설소리꾼 한 명이 소리를 메기면 나머지 모든 농군들이 소리를 받는 선후창 형식으로 부른다. 처음 시작할 때는 늦은소리로 한다. 모심기가 진행되면 점차 소리가 빨라져서 잦은모심기노래인 잦은상사소리를 한다. 순창군 금과면 모정리 모심기소리는 메기고 받는 형식인데, 다음과 같다.[8]

메: 여 여허-여 여허루 상사뒤이-여

받: 여 여허-여 여허루 상사뒤이-여

---

8 금과 들소리보존회 편, 『순창의 민요』, 애트파워, 2005, 46-7쪽.

메: 모손을 갈라쥐고 거듬거듬 심어나보세

받: 여 여허-여 여허루 상사뒤이-여

3) 논매기노래에 그 지역 노래의 실력이 담겨 있다

논매기노래는 벼가 자란 후 논에서 김을 매며 부른다. 김매기노래라고도 한다. 김을 매는 방식은 두 가지다. 하나는 맨 손으로 논에 난 풀을 뽑는 것이고, 다른 하나는 호미로 매는 것이다. 손으로 하는 김매기는 주로 서해안이나 남해안 평야에서 그렇게 한다. 일반적으로는 간척지 논매기인 경우가 많다. 논 흙이 무르고 뻘흙이어서 발이 빠지고 일의 속도도 느리고 힘들다. 호미로 하는 논매기는 내륙이나 산간지역 논매기에서 그렇게 한다. 이 지역들은 논의 흙이 부드럽지만 점토성이 약하고 물빠짐이 좋고 발빠짐도 심하지 않아 일꾼들이 일 하는데 비교적 덜 힘들다. 그래서 논매기 액션이 비교적 가볍다.

논매기가 모찌기나 모심기와 다른 특성이 하나 더 있다. 그것은 3-4차례 논매기를 한다는 점이다. 보통 초벌, 두벌, 세벌 만드리의 순서로 한다. 초벌매기는 처음 매고, 또 모가 덜 자란 상태이고 논에 물도 많이 차있기 때문에 조심스럽게 한다. 그래서 노래도 두벌이나 세벌에 비해 느리게 부른다. 두벌, 세벌매기로 갈수록 더 빨라진다. 만드리 때는 마지막 논매기이고, 또 벼도 어느 정도 자라고, 논 물도 많이 줄어들고 여름 농사도 마무리 되어가기 때문에 거의 축제 분위기다.

논매기노래에는 매우 독특하고 재미있는 면이 많다. 이웃 마을과 같으면서도 다른 점이 있고, 멀리 떨어지면 많이 다른 논매기노래를 부른다. 그 이유는 이웃 마을들끼리는 서로 네트워크가 되어 있기 때문이다. 일하는 농군들이나 머슴들이 같은 노동권에서 일한다. 평민 마을들은 수평적으로 네트워크가 되어 있고, 큰 양반 마을을 작은 여러 마을을 거느리기 때문에 마을 간에 위계가 있다.

그러면서도 논매기노래에는 그 마을 농군들의 아이디어가 반영된다. 확대해서 보면 중심이 되는 핵심 논매기노래가 있는데, 그 텍스트 기반에 자기 마을, 또는 자기 노동공동체 마을들의 고유한 음색을 가미하여 논매기노래를 구성한다.

논매기노래가 들소리 개성의 하이라이트다. 각 마을의 우수한 문화 창작자가 논매기노래 판을 짠다. 이 창작자는 여러 마을의 들소리를 섭렵하여 바로 반복할 수 있으며 분석적으로 이해하고 멜로디와 가사, 가창 방식을 수용하고 거기에 자기 마을의 개성을 반영한 변주 부분을 더하여 노래판을 짠다. 논매기노래야 말로 들소리의 가장 핵심 부분이다.

4) 풍장은 노래굿이자 축제다

풍장노래는 마지막 논매기 때 한다. 논매기이기도 하고 축제와 놀이이기도 하다. 장원질, 장원질소리, 장원질 노래, 만드리, 만드레, 만두레라고도 하며 지역에 따라 부르는 명칭이 다른 사례가 있지만 의미와 내용은 같거나 비슷하다. 마지막 논매기인 세 번째, 또는 네번째 논매기에서 풍장굿을 한다. 풍장은 마을의 농경지를 풍물을 치고 돌면서 풍년을 기원하는 농사굿이다. 풍장에는 두레풍장과 개인풍장이 있는데 두레풍장은 마을 공동으로 풍장을 하는 경우고 개인풍장은 부농가 개인이 음식을 마련하여 풍장을 하는 경우다. 1930년대 이후에는 개인풍장이 많았다.

마을 농군들이 그해의 농사 작황과 경제적 여건을 감안하여 풍장할 집을 결정한 다음 그 집의 상머슴을 통해 통보한다. 상머슴이 들에 나가면서 오늘 우리 집에서 풍장한다고 소를 내보내라고 하면 주인이 흔쾌히 승락하고 소에 백목을 한필 감아서 들로 보낸다. 농군들은 풍장하는 재미에 겨워 들을 북북 기어 다니면서 흥겹게 논을 매고 풍물을 친다. 일하는 것보다 노는 것이 재미있는 때가 이때다.

논매기가 끝날 때 쯤 소가 나오면 농군들이 일을 마무리짓고 논에서 나와 칡넝쿨 등으로 단장한 소에 상머슴을 태우고 질꼬냉이를 부르며 돌아와 밤새워 굿판을 벌이고 논다. 진도군 지산면 인지리에서 부르는 질꼬냉이는 다음과 같다.[9]

메: 여-헤-야- 하헤-헤야. 얼씨어-어. 어-얼싸
지와자자 자. 자-어-얼씨구나지와자자얼. 씨좋네-
받: 여-헤-야- 하헤-헤야. 얼씨어-어. 어-얼싸
지와자자 자. 자-어-얼씨구나지와자자얼. 씨좋네-

메: 내돌아간다 내돌아간다 정든님 따라서 내가돌아를 가는구나야
받: 여-헤-야- 하헤-헤야. 얼씨어-어. 어-얼싸
지와자자 자. 자-어-얼씨구나지와자자얼. 씨좋네-

메: 오동추야 달도밝었네 임생각허 내가절로나고나야
받: 여-헤-야- 하헤-헤야. 얼씨어-어. 어-얼싸
지와자자 자. 자-어-얼씨구나지와자자얼. 씨좋네-

9 나승만, 앞의 논문, 104-5쪽.

Ⅲ. 들소리 문화권이 있다

들소리는 자연 환경의 영향을 받는다. 그리고 여기에 더하여 사람들의 관계가 만드는 인문사회 환경의 영향도 받는다. 노는 방식이나 노래의 음악적 구성면에서 보면 전남은 세 지역, 또는 네 지역으로 구분된다. 이러한 구분은 특히 논매기노래에서 명확히 드러난다. 그 이유를 따져보면 모찌기나 모심기에 비해 논매기에서 흙을 다루는 빈도가 훨씬 많기 때문이다. 논매기노래가 같은 계열에 속하면 모찌기노래나 모심기노래가 같고 농경법, 자연환경, 문화형태도 유사하다.

논매기노래를 중심으로 분포권을 설정해 보면, 전남의 경우는 영산강 유역을 중심으로 한 전남의 서부 평야지대인 긴소리를 주로 부르는 지역(아리시고나 류, 문열가, 짓소리 등을 부르는 지역, 긴소리권), 섬진강 유역의 전남 북동부 산간지역인 산아지타령을 주로 부르는 지역(산아지타령권), 그리고 진도를 중심으로 해남, 신안, 완도 일부의 남부 도서 해안의 절로소리를 주로 부르는 지역(절로소리권)이 있다. 전북의 경우는, 동북부 산간권(무주군, 장수군, 진안군, 완주군의 운주면, 남원시의 아영면 · 동면 · 산내면 · 운봉면), 동남부 산간분지권(임실군, 남원시의 아영면 · 동면 · 산내면 · 운봉면을 제외한 전지역, 순창군), 서북부 평야권(익산시, 군산시, 완주군의 운주면을 제외한 전지역, 전주시, 김제시, 부안군), 서남부 평야권(정읍시, 고창군), 서해 도서권(위도 · 식도 · 왕등도 · 비안도 · 신시도 · 무녀도 · 선유도 · 장자도 · 관리도 · 야미도 · 방축도 · 명도 · 말도 · 개야도 · 연도 · 어청도)이 있다.[10]

여기서 서해 도서권은 어업노동요를 소재로 한 것이니까 들소리를 기준

10 김익두, 『한국민요의 민족음악학적 연구: 전북민요의 경우』, 서울: 민속원, 2012, 43-44쪽.

으로 한다면 네 권역으로 본 것이다. 전남과 전북을 통합하여 호남권으로 보고 들소리 분포권을 보면 그 연결된 루트가 잘 보인다.

1. 영산강 유역 들소리가 순창, 임실까지 올라온다

영산강 유역의 지역인 무안, 영암, 함평, 나주, 영광, 장성, 담양, 그리고 그 발원지와 이웃한 곡성, 순창, 임실로 이어지는 루트에서 같거나 같은 유형에 속하는 들소리를 부른다. 그 증거되는 노래가 긴소리(문열가, 무삼삼장, 아리시고나 계통 소리)다. 문열가는 전북의 순창군, 임실군 일대에서도 수집되고 있다. 전남의 서부 평야지대에서 부르는 문열가는 논매기 노래의 첫 소리로 부른다. 이 문열가가 순창에서도 부른다는 것은 그 연관성이 매우 긴밀함을 뜻한다. 그리고 아리시고나 계통의 긴소리를 하는데, 이 노래가 순창에 이르면 변형이 일어나지만 기본 틀은 유지하고 있다. 그리고 긴소리권의 아리시고나 류의 노래는 담양, 순창, 임실 등지에서 수집되었다.

호남 서부 평야 논농사지대에서 부르는 긴소리는 영암, 무안, 함평, 나주, 영광, 고창, 장성, 담양, 순창, 임실로 이어지는 분포권을 갖고 있다. 그리고 전북의 서부 평야지대에서 어떻게 작용하는지는 더 살펴봐야 한다.

서부 영산강 유역에서는 논매기에서 긴소리를 주로 부른다. 여기에 해당되는 지역은 무안군, 함평군, 영광군, 영암군의 서부지역, 나주군, 광주시, 장성군의 영산강 상류지역, 담양군, 순창군, 임실군 등지다. 이들 지역에서는 논매기 노래로 긴소리를 한다. 무안군 무안읍 용월리 상동 긴소리를 예로 들어 보겠다.[11]

메: 오늘도-야----어---이히.
오늘도야 심심허고 요요허고 적막헌곳인디요-.
일동: 어-그렇제!-〈샛소리〉
에야---아-아하. 어허-----허이—이히. 허---어-이해여서
논매기도 어디안디 소리까지허자 허-네---에이!.
받: 에-헤야---하-아하. 헤---헤—에-.
허-어--허이-이히! 헤--헤--에헤야!. 마-디시-요-.

메: 나주영-산--. 어허---이히.
나주라영산포 도내기새암에 상추씻는 저처녀여-!
일동: 어-어!-그--〈샛소리〉
에야---하-아하. 어허-----허이----이히. 허----어-이해여서
겉일랑은 씻쳐니가먹고 속일랑은씻쳐 나를갖다주-소--어이!.
받: 에-헤야---하-아하. 헤---헤—에-.
허-어--허이-이히! 헤--헤--에헤야!. 마-디시-요-.

메: 세월아-아--- 어----이히.
세월아봄철아 오고가지를 말어라그려-.
일동: 어-그렇제!-〈샛소리〉
에야---하-아하. 어허-----허이----이히. 허----어-이해여서
세월아 니월아 니가오고가면은 아까운청춘들 다늙어가-네---에이!.

11 나승만, 앞의 논문, 30-1쪽.

받: 에-헤야---하-아하. 헤---헤—에-.

허-어--허이-이히! 헤--헤--에헤야!. 마-디시-요-.

긴소리는 소리를 길게 끌어내기 때문에 숨이 짧은 사람들은 감히 흉내도 낼 수 없는 길면서도 힘찬 사나이다운 소리다. 그야말고 농군들의 일거리에 맞는 장단에 맞춰 부르는 영산강 유역 평야지역의 대표적인 들소리다. 그런가 하면 길게 빼서 부르는 대목이 넘어가면 빠른 템포로 사설을 읽어나가 변화무쌍한 박진감을 주기도 한다. 설소리꾼은 처음에 '오늘도야----'하면서 점점 높은 소리로 끌어가면서 소리를 시작한다. 그리고 높은 소리에서 길게 끌면서 청을 떨어주어 특이한 효과를 낸다. 이 마을의 긴소리는 함평이나 무안, 영광의 내륙지역 진소리에 비해 소리를 길게 끌어주는 것이 특징이다. 아마도 영산강의 본류 주변의 차진 흙의 생리를 그대로 반영한 때문인 듯하다. 이 소리는 노래를 부르는 농군들뿐만 아니라 듣는 사람들에게도 힘을 주는 힘찬 기운과 유장한 느낌을 동시에 지닌다.

긴소리권의 들소리는 자연 조건이 유사한 전북의 호남평야에까지 널리 분포되어 있다. 이는 지리적으로 서로 같은 위치에 있기 때문이기도 하겠지만 두 지역이 모두 간척을 통해 농지를 확대한 지역으로 갯벌의 진흙, 또는 강이 범람하면서 이루어 놓은 비옥하고 차진 토양에 자리잡고 있다는 점도 주목할 만하다.

이 지역의 민요 창자들은 주로 남성들이다. 사회적 분위기도 남성 중심의 유교적 윤리체계가 잘 다져진 곳이어서 여성들은 논농사에서 소외된다. 여성들의 작업 공간은 밭과 가정으로 밭매기와 길쌈노동을 담당했다. 노래도 밝은 타령류의 것보다는 음영민요를 많이 불렀다. 판소리의 서편제, 농악의 우도농악 지역과 일치한다는 점도 주목된다.

2. 방애소리는 남향으로, 산아지타령은 북향으로

섬진강 유역에서 형성된 소리권이 있다. 이 소리권은 산아지타령을 많이 불러서 산아지타령권이라고도 한다. 호남의 동부 산간지역으로 이어진다. 이 지역은 임실군, 남원시의 일부, 순창군을 포괄하는 지역이다. 김익두 교수는 이 지역 노동요들이 가창방식 면에서 매우 특이한 현상을 보이고 있는데, 다른 민요권과는 달리 노동요의 가창방식이 선후창 · 교환창 · 제창齊唱 방식이 함께 나타나고 있으며, 특히 제창, 그 중에서도 어느 한 사람이 먼저 어떤 가사의 첫부분을 내놓으면 나머지 사람들이 그 가사를 함께 제창하는 '선독입후제창先獨入後齊唱' 방식이 특히 도작노동요 속에서 자주 발견된다고 하였다.[12] 이런 현상은 섬진강 유역 민요권에서 흔히 일어나는 현상인듯하다.

이곳의 농경지는 산악들 사이에 형성되어 있어서 밭농사가 많고 토질에 돌과 모래가 많이 섞여 있어서 굳기 때문에 모심기를 느리게 하고 호미로 논을 맨다. 그리고 논매기에서 흙을 확실하게 뒤집거나 짓이기기 힘들기 때문에 지심을 확실히 뽑지 못한다. 그러니 논매는 횟수가 평지보다 1-2회 더 많다.

이 지역에서 부르는 들소리는 모찌기노래, 모심기노래, 논매기노래, 장원질소리 등이다. 모찌기노래는 부르는 지역과 부르지 않는 지역으로 구분된다. 이 지역들은 공통적으로 남성들이 논일을 한다. 논매기노래는 산아지타령을 주로 부르며 방개타령, 방애타령도 부른다. 호미로 논을 맨다. 선후창형식으로 부르는데, 방개타령을 부를 때는 교환창으로 부른다. 교환

---

12 김익두, 앞의 책, 48-50쪽 참조.

창의 논매기노래는 곡성군에서 주로 많이 부른다. 곡성군 삼기면 원등리 학동마을의 논매기노래 방개타령을 들어보면 다음과 같다.[13]

가패: 진삼대는 휘늘어지고
골골이삼대나 춤을 벌렁벌렁춘다
헤-바헤-헤-이헤아-노
바애-바애- 방개노-자헤-에

나패: 오동추야 달은밝고
임의나생각이 절로난다
헤-바헤-헤-이헤아-노
바애-바애- 방개노-자헤-에

가패: 일낙서산에 해떨어지고
월출동정에 달솟아온다
헤-바헤-헤-이헤아-노
바애-바애- 방개노-자헤-에

나패: 불떨어졌네 불떨어졌네
대명산천에 불떨어졌네
헤-바헤-헤-이헤아-노
바애-바애- 방개노-자헤-에

이 지역의 들소리는 특히 전북 순창, 남원의 들소리와 비슷하다. 모두 지리산 자락에 위치하거나 그 영향권에 있기 때문인 듯하다. 여천이나 고흥

13 나승만, 앞의 논문, 66-9쪽.

등지의 노래들은 남해안의 도서 해안지역 소리와 비슷한 점이 많다. 지리산 근방의 소리가 이곳을 타고 흘러 완도나 진도까지 흘러 들었는지, 아니면 그 반대 현상인지 궁금하다.

3. 남해안 섬과 해안지역에 여성들 노래 세상이 있다

진도군, 해남군, 신안군 일원에서는 논을 맬 때 절로소리를 한다. 그리고 영암군 시종면 일원과 장흥군 장동면 봉동리 등지에서 부르는 들소리에 절로소리의 영향이 나타난다. 이 지역 중에서도 진도군이 절로소리의 중심지다. 절로소리는 이 지역과 그 영향을 받은 지역에서만 부르는 논매기노래로 영산강 유역이나 섬진강유역의 노래와는 다르게 들일에서 풍물을 많이 연행한다는 점에서 특색이 있다.

절로소리권의 농경법은 긴소리권의 것과 비슷하지만 현지의 자연환경에 맞는 특유의 방법들이 반영되어 있다. 이곳에서도 긴소리권에서와 같이 흐튼모를 심었고 손으로 논을 맨다. 그러나 논매기에서 손의 기능이 긴소리권의 경우보다 약하고 대신 발놀림이 강하다. 이 지역의 흙이 긴소리권의 흙보다 단단하기 때문에 손으로는 흙을 긁어주기만 하고 춤을 많이 추어서 논의 흙을 밟아주어 논매기 효과를 극대화시킨다. 따라서 논매기의 가락이 율동적이고 춤을 많이 춘다. 이곳 논매기의 특징 중 하나로 나락이 커서 여물이 들 무렵 마지막 논매기인 만두레를 하는데 나락 포기 사이를 기어다니면서 골을 확실히 내준다. 이는 김매기와 함께 결실기에 바람의 피해를 줄이기 위한 방법으로 개발된 자연적응의 농법이라고 생각된다.

절로소리권에서는 들소리로 모찌기노래, 모심기노래, 논매기노래, 장원질노래 등을 부른다. 그런데 지역에 따라 노래의 가락에 조금씩 차이가 있다. 이 차이는 마을마다 소리가 다른 미세한 차이 때문에 일어나기도 하고 지세의 높낮이에 따라 환경이 다르기 때문에 일어난 현상이기도 하다. 특히 조선 후기나 한말, 일제 초기에 새로 간척되거나 개간되어 논이 된 지역은 대부분이 저지대로 진흙땅이기 때문에 이런 농경지에서 일하는 사람들의 노래 가락은 농지가 비교적 고지대에 위치해 있는 오래된 마을 사람들의 노래 가락과 차이가 있다.

논을 맬 때는 손으로 매며 절로소리를 한다. 초벌을 맬 때는 긴절로소리를 주로 하고 두벌 맬 때는 잦은절로소리를 한다. 진도군 지산면 인지리의 경우 논을 세번 매는데 손으로 긁어서 맨다. 땅이 굳기 때문에 손으로 흙을 뒤집지 못하고 발로 짓이겨 맨다. 그러기 때문에 춤추는 동작이 많다. 풍물을 치는데 모심기 때와는 반대로 두레꾼들 앞에 서서 풍물을 치면서 발로 논의 흙을 밟아 줘서 농군들이 논을 쉽게 매도록 도운다. 초벌 논맬 때는 긴절로소리를 한다. 진도군 지산면 인지리에서는 초벌매기에서 긴절로소리를 하고 다음에 맬 때는 중절로소리, 그리고 마지막 맬 때는 잦은절로소리를 한다. 긴절로소리만 소개하면 다음과 같다.[14]

메: 이-히야-하하 아하헤헤에- 하절-노 노-야

받: 이-히야-하하 아하헤헤에- 하절-노 노-야

메: 비가졌네 비가졌네 남산밑에 비가졌네

받: 이-히야-하하 아하헤헤에- 하절-노 노-야

메: 어뜬사람 팔자좋아 부귀영화로 잘사는데

받: 이-히야-하하 아하헤헤에- 하절-노 노-야

14 나승만, 앞의 논문, 95-6쪽.

메: 우리같은 인간들은 무슨팔자로 이러는가

받: 이-히야-하하 아하헤헤에- 하절-노 노-야

세 번째의 마지막 논매기인 만두레에서 풍장을 한다. 풍장은 마을의 농경지를 풍물을 치고 돌면서 풍년을 기원하는 농사굿이다. 풍장에는 두레풍장과 개인풍장이 있는데 두레풍장은 마을 공동으로 풍장을 하는 경우고 개인풍장은 부농가 개인이 음식을 마련하여 풍장을 하는 경우다. 1930년대 이후에는 개인풍장이 많았다.

진도군과 신안군, 완도군 일대에서는 들일을 여자들이 했는데 이점은 고흥, 여천의 도서 해안지역의 경우와 비슷하다. 그 때문인지 여성 민요창자들이 많고 또 여성들의 노래문화가 활발히 이루어 졌다. 들소리의 참여도 마찬가지여서 들소리의 유능한 설소리꾼들 중에는 여성 소리꾼이 많고 일도 여성들이 중심이 되어서 한다.

4. 지리산, 덕유산 산간지역에서는 남녀가 함께 소리한다[15]

이 지역은 무주군, 장수군, 진안군, 완주군의 운주면, 남원군 일부의 산간지역이다. 밭농사와 논농사가 대략 1:1의 비율이고, 산지의 고지대고 일조량이 적고 기온의 연교차가 크다. 이 지형적, 기후적 조건 때문에 벼농사 비중이 낮고 들소리도 비활성화되어 있다. 들소리는 주로 모심는소리다. 가끔 논매는소리를 하는 지역이 있-데, 후렴 없이 노래를 서로 주고 받는

15 김익두, 앞의 책, 45-46쪽 참조.

'교환창'이 중심이다. 교환창 방식은 비단 논매기소리에서뿐만 아니라 밭매는소리, 모심는소리에서도 같은 방식으로 부른다.

두 패의 농군들이 가사를 서로 주고 받아야 하기 때문에 가사 창작력이 우수하고 전승력도 강하다. 또 패로 부르기 때문에 상호 대구하는 룰이 있어서 주거니 받거니 하면서 기승전결의 서사를 만들어 가는 재미가 있다.

모심는소리는 남성과 여성이 거의 같은 비중으로 부르고 있다는 점이다. 그만큼 이 지역의 문화는 노동 현장에서만큼은 다른 지역에 비해 여성과 남성이 서로 조화롭고 대등하게 참여하고 있다.

음색 · 창법면에서 보면, 이 지역의 민요는 이른바 '메나리토리/메나리조'가 지배하고 있다. 보통, 남도민요는 모두 '육자배기토리'로 부르는 것으로 생각하지만, 이 지역의 토착민요는 백두대간을 따라 내려온 소백산맥의 '메나리토리'의 강한 영향권에 속하고 있다는 점을 주목할 필요가 있다.[16] 노동요의 연행에 있어서 반주악기는 따로 없다. 평야지역의 경우처럼 풍물을 곁들이는 일도 거의 없다.

이 지역의 노동요는 그만큼 대단위의 집단적 두레노동의 성격이 미약하며, 비좁은 산간지역의 농토에서 소단위의 일꾼들이 서로 대등하고 긴밀한 상호관계로 호흡을 맞추어 일하기에 적합하게 되어 있고, 또 그렇게 해오고 있다.

---

16 이 '메나리토리/메나리조'권의 전개와 지역적 분포의 문제는 한국의 민요권 구분뿐만 아니라 한국문화에 대한 전반적인 이해에도 매우 중요한 관점과 결실을 가져다줄 것으로 생각된다. 이 메나리토리권은 백두대간을 따라 함경도 · 강원도 · 경상북도 · 경상남도 · 충청북도 · 충청남도 · 전라북도에 까지 전개되고 있는 것으로 확인되고 있기 때문이다. 이러한 현상을 토대로, '한국민요학회 제13차 연구발표회(1995. 6.24, 연세대 인문관)'에서는, 한국민요(혹은 문화)가 '지리적으로 높은 지역에서 낮은 지역으로' 전파되는 것이 아닌가 하는 가설이 나승만교수(목포대)에 의해 필자에게 제기 되었으며, 필자는 이에 대해 '낮은 지역에서 높은 지역으로 전파되는 경우(호남지방의 '육자배기')'를 들어 이 문제를 반박적으로 보충한 바 있다. 아무튼, 이 문제는 한국민요의 민요권 구분 문제에 매우 중요한 논의의 포인트가 될 것이라고 생각한다.[김익두, 앞의 책, 47쪽, 각주 49]

후렴이 없는 단점을 보완하기 위해 가끔 노래가 한 소절 끝난 뒤에 '그렇지요' · '좋구나' · '이히히' 등의 '샛소리'[17] 혹은 '추임새'를 하기도 한다. 이 '이히히'라는 '샛소리'는 주로 무주군 지역, 특히 영남이나 충청도 지역에 가까운 지역에서 들을 수 있는데, 이 소리는 메나리토리권, 특히 영남지역의 〈어사용/얼사영/어생이〉에서 가장 두드러지게 드러나는 이디엄인 바, 메나리토리권 민요의 영향을 노동요 속에서 볼 수 있는 좋은 자료이다.

5. 서부 동진강, 만경강(금강) 평야지대는 들소리의 황금지대[18]

이 지역은 익산시 · 군산시 · 김제시 · 부안군까지를 포함한다. 만경강, 동진강을 끼고 있다. 우리 나라 최대의 벼농사 지역이며, 들소리를 많이 부르는 지역이다. 상당 부분이 간척지다.

민요의 종류상으로 볼 때 노동요는 도작노동요稻作勞動謠가 중심을 이루고 있으며, 가창방식은 거의 모두가 일정한 후렴이 있는 '선후창'이 지배한다. 이 일정한 곡조의 후렴 부분은 대집단 두레노동의 집단적 신명을 불러일으키는 데 매우 효과적이며, 노래의 가사를 창조하는 능력이 없는 사람도 쉽게 노래의 가창에 참여할 수 있는 장점을 가지고 있다.

이러한 가창방식은, 자연 노래의 새로운 가사를 창조하여 노래 세계의 의미를 확장하고 갱신하는 사람(소리를 메기는 특정한 사람, '앞소리꾼')과 노래의 세계에 참여하여 그 창조적 행위를 용인하고 선택하는 사람들(후렴을 받

17 여기서 '샛소리'란 노래의 중간 중간에 흥을 돋우기 위해 노래집단 구성원들이 즉흥적으로 부르는, 판소리의 '추임새'와 같은 짧은 소리를 말함.

18 김익두, 앞의 책, 50-54쪽.

는 사람들, '뒷소리꾼들')의 '분화'를 가져오게 되었다. 이러한 분화는 결국 점차적으로 소리를 잘 메길 줄 아는 전문적인 소리꾼을 필요로 하게 되고, 그러다 보니 이 지역에서는 전문적인 소리꾼들이 각 마을마다 한 둘 이상씩 있어서, 그들이 그 마을의 도작노동요의 앞소리나 상여소리 앞소리 혹은 집터를 다지는 앞소리와 같은 집단적인 노래들을 이끌어 주도해 가게 되었다.

이러한 사정은 마침내 이 지역에서 아주 전문적인 소리꾼인 판소리 광대가 출현하는 중요한 계기를 마련하였으며, 실제로 대부분의 판소리 광대는 이 지역과 앞에서 논의한 또 하나의 '선후창' 노동요 중심 지역인 동남부 산간분지권에서 거의 다 나왔던 것이다.

가창자들은 거의 모두가 남성이라는 점이 특징이다. 물론 다른 노래들에서는 그렇지 않지만, 도작노동요에서 만큼은 그렇다. 이 지역의 도작노동요가 노동요의 중심이고, 그것을 부르는 사람들이 모두 남성이라는 점은, 이 지역의 문화가 동부 산간지역에 비해 훨씬 남성중심적일 가능성이 높으며,[19] 실제로 그러한 증거들은 문화 전반의 여러 측면에서 찾아볼 수 있다.[20]

노래의 가사 곧 메기는 소리를 만들어 부르는 일은 전문적인 소리꾼에게 맡기고, 나머지 대다수의 사람들은 똑같은 후렴만을 평생 동안 천 번이고 만 번이고 부르다 보니, 자연스럽게 후렴의 다양한 분화와 음악적인 세련미와 그것의 강한 전승력을 획득하게 되었다. 〈논매는소리〉가 '초벌매는 소리'·'두벌매는 소리'·'만두레 소리'가 구분된다. 후렴이 잘 발달되어 있다. 곡조상의 세련미가 있어서 처음 듣는 사람은 노래에 소질이 있는 사람이라 하더라도 쉽게 익히기 어려운 것들도 많다.

---

19 Alan Lomax(1968), op.cit., Foreword 및 본문 참조.

20 예컨대, 민요 자체 면에서 보더라도, 동북부 산간권의 민요에서는 도작노동요, 특히 모심기노래에 여성들이 참여하는 경우를 많이 볼 수 있는데 비해, 서북·서남부 평야권에서는 여성들이 도작노동요에 참여하는 경우는 거의 찾아볼 수 없다.

이러한 후렴상의 다양한 곡조적 분화와 세련과 조탁은 '메기는소리/앞소리'에도 영향을 미쳐서, 앞소리꾼의 가창 역량의 심화 · 확대 · 세련에 박차를 가하게 하였으며, 그에 따라 그들은 더더욱 전문적인 소리꾼의 길을 가지 않고는 못베겨났던 것이다. 이러한 경향은 바로 이 지역에서 많은 판소리 광대들이 나왔다는 사실과도 매우 밀접한 관련이 있을 것으로 생각된다.

음색 및 창법면에서 볼 때, 우리는 다른 권역과 다른 이 지역 특유의 성격을 발견할 수 있다. 그것은 '메나리토리/메나리조'와 '육자배기토리/육자배기조'의 혼효현상이다. 전체적으로는 '육자배기토리'가 지배하면서도 일부 노동요에서는 매우 강한 메나리토리도 발견되는데, 그 대표적인 노래가 바로 〈산야/산유화〉라고 불려지는 노래이다. 이 노래는 만두레 때 혹은 늦여름 혹은 초가을에 산이나 들에서 풀을 벨 때 부른다고 한다. 이 노래는 충남쪽으로부터, 금강을 건너 그곳과 인접한 익산시 · 군산시를 거쳐, 김제시를 지나, 부안군에까지 전파되어 있다.

연행방식 면에서 보면, 반주악기를 많이 사용하는 점이 주목된다. 반주악기는 풍물로 하는 경우가 대부분이다. 요즈음에 와서는 그러한 현장을 볼 수 없게 되었지만, 두래패가 두레노동을 할 때에는 대체로 다음과 같은 순서를 따른다. 먼저, 마을 앞 '기확' — 마을의 '큰기'를 세워둘 때 쓰는 돌로 절구처럼 파서 만든 기꽂이 — 에다 마을기를 세워 놓는다. 두레하는 날 아침이 되면, 마을의 풍물패가 마을 광장에 모여 굿을 어루어가지고 '큰기/마을기'를 앞세우고 두래패를 이끌고 마을 당산으로 가서 당산굿을 치고, 논으로 나아가 마을기를 근처에 세워둔다. 풍물패의 일부가 논의 앞쪽에서 두레굿 가락을 쳐 나아가고, 두레꾼들이 그 굿가락에 맞추어 그 뒤를 따라 노농요를 부르면서 모를 심거나 논을 매어 나아갔다.

Ⅳ. 순창군 금과는 한국 들소리가 모이는 '터미널'

순창군은 삼한 시대에도 역사의 뿌리가 기록에 남아있을 정도로 오래된 전통의 고을이다. 현재는 전라남도의 곡성군, 담양군, 장성군과 경계지점에 있는 전라북도 소속의 땅이다. 서북쪽으로는 정읍시, 북으로는 임실군, 동으로는 남원과 경계를 이룬다. 주화산에서 시작하여 광양 망덕산에서 끝나는 호남정맥의 상부 중추지대로 중산간의 분지 평야지대다. 섬진강이 흐르는 남부지대는 비옥하다. 순창 들소리가 전승되고 있는 금과면은 전라남도 담양군 금성면, 무정면, 옥과면과 접해있다. 섬진강 남부 비옥한 지대에 속한다. 영산강 발원지인 용소와도 이웃해 있다.

순창농요 금과들소리는 현재 전라북도 무형문화재로 지정되어 있다. 발표자는 금과들소리가 어느 지역, 어떤 소리와 서로 연계되어 있는지 그 네트워크를 그려보고자 한다. 네트워크 그리기의 소재는 현재 금과들소리들의 각편들, 부르기 방식, 구성 요소들이다.

모찌기소리를 부르지 않은 것과 논매기를 호미로 한다는 점은 섬진강 유역을 비롯해 중산간지대 도작문화의 일반적 현상이다. 이것은 자연현상에 적응하는 들소리의 보편적 규칙인데, 중산간 지대 토질이 갯벌흙과 달리 노래 부르며 일하기 어렵고 손으로 파서 뒤집기가 힘들기 때문이다. 모심는소리에서 잦은소리를 적극적으로 부르지 않는다는 점도 순창 들소리의 주목할만한 점인데, 이는 모찌는소리를 하지 않는 점이나 논매기를 호미로 하는 것과 같은 현상이다.

논매는소리 첫소리로 문열가를 부르는 점은 영산강 유역 논매는소리 구성방식과 일치한다. 무안 함평, 나주에서는 논매는소리 첫소리로 문열가를 부르는 것이 규칙이다. 첫소리고 짓소리를 하는 지역도 있다. 짓소리, 문열가, 긴소리, 아리시고나 류는 모두 소리내는 방식이 같거나 유사하다. 영산강 유역에서는 문열가가 논매기의 오프닝 뮤직과 같은 것이다. 논매기의 시작을 알리기 때문에 크고 유장하게 시작한다. 순창에서도 마찬가지다.

아리시고나 류의 소리는 영산강 유역권 논매는소리의 중심되는 소리다. 순창에서는 변화를 주어 부르는데, 이는 당연한 현상이다.

방애소리나 산아지타령은 섬진강 유역 소리의 대표적인 소리들이다. 방애소리(방아타령, 방게류 소리)는 분포도로 보아 호남 북부나 경기 충청지역에서 흔히 부르는 소리다. 은근히 전국 분포를 갖고 있는 소리다. 산아지타령은 방애소리와 입장이 다르다. 산아지타령은 섬진강 유역이 제 고장이다. 남해안과 섬진강 일대가 중심지다. 이 노래는 진도아리랑의 모태가 된 곡이기도 하다.

순창 금과들소리는 모심기소리, 논매기소리, 장원소리가 있는데, 마지막 논매기 때 논 주인 집으로 들어가면서 부른다. 상머슴을 소에 태우고 풍장을 치며 판 풍년굿을 벌이는데, 이때 풍장과 함께 노래를 많이 부른다.

금과들소리는 남에서 올라오는 소리와 북에서 내려오는 소리가 만나는 접점지대다. 이 지대에 사는 순창 농군들이 이들 소리를 붙잡았다. 그리고 그 소리를 자신의 몸에 내려받았다. 몸에 내린 소리를 순창 땅에 심었다. 문화는 주민들이 수용하여 내 몸에 익히고 나와 이웃, 마을 공동체, 지역 공동체가 함께 누림으로서 나의 문화가 되는데, 순창 금과 농군들은 자기들이 사는 공간을 통과하는 노래들을 붙잡아 자신의 들소리로 만들었다.

전남북 중간 접점 지대, 영산강 유역 소리들이 올라가는 통과 지대, 섬진강 유역 소리들이 올라오는 통과 지대, 산간지대 소리들이 내려오는 통과 지대, 서부 평야지대 소리들이 올라오는 지대에 있다. 네 코스의 음악문화가 믹싱되는 공간이다. 그러니까 들소리의 생존지대, 들소리의 박물관, 들소리의 생물권 지대다.

V. 결어 : K-pop의 노래 발전소 '호남 들소리'를 이어가자

지금 지구촌이 K-culture, K-pop에 매력을 느끼고 있다. 지금 빛나는 K-pop도 그 연원을 따라가면 한반도 민중들의 삶과 노래라는 문화발전소에 이르게 된다. 화려하게 빛나고 있는 K-pop이라는 네온 불빛의 내면을 깊이 통찰하면 그 밑바닥에 광대한 민요의 세계가 자리잡고 있다. K-pop의 특징이 군무群舞일진데, 군무를 하는 민요로는 어떤 것이 있을까. 대표적인 것이 들소리다.

우리는 호남 사람이니까 이렇게 말할 수 있다. "호남은 한반도 민속문화의 본고장이다. 호남은 한반도 민요의 본고장이다. 호남은 한반도의 사람들을 먹여살린 창고다. 호남은 한반도를 지키는 보루다". 이 말은 그렇게 과장된 것이 아니다. 아마 호남 이외의 사람들도 이 말에 수긍하고 동의할 것이다.

우리들은 민속문화 속에 담긴 의미나 실체, 깊은 곳에 있으면서 계속 인간답게 살려는 에너지를 생산하는 힘을 잘 모른다. K-pop의 발전소인 호남의 들소리를 잘 이어가자. 호남 들소리에 담긴 호남 농민들의 문화를 잊지 말고 전승하고 살아있게 하는 노력을 계속해야 한다.

참고문헌

참고문헌은 각주로 대신함.

전북민요의 지역적 특성과 순창 민요 '금과 들소리'의 무형문화유산적 가치

김익두
전 전북대 국문과 교수, 전 한국민요학회 회장

전북민요의 지역적 특성과 순창 민요 '금과 들소리'의 무형문화유산적 가치

Ⅰ. 서언

알란 로맥스Alan Lomax는 그의 저서 『민요 양식과 문화Folk Song and Culture』에서, 머독Murdock이 작성한 세계 '문화지도'에다가 6개의 '대지역world regions'과 56개의 '문화권'과 233개의 '음악문화권'을 구분하여 표시해 놓고 있다.[1] 이 세계 민요지도에 의하면, '한국민요'는 '아시아 민요권' 중 '동아시아 민요권'에 속하고, 그 중에서도 '한국 민요문화권'으로 독립하여 분류되고 있음을 볼 수 있다.

이 한국민요는 다시 각 지역마다 다른 음악적 특징을 보이고 있다.[2] 음악

1 Alan Lomax(1968), *Folk Song Style and Culture*, Washington D.C., American Association for the Advancemant of Science.

2 각 지역마다, 다른 지역과는 구분되는 독특한 음악적 특징을 '토리/조'라고 하는데, 민요의 토리/조는 민요를 구성하고 있는 음과 음의 기능, 음이 움직이는 방식, 발성법, 장식음의 사용법 등을 포괄하는 개념으로, 어떤 지역 사람들의 음악어법을 말한다.

적 특징으로서의 '토리'의 차이에 따라, 대체로 경기도 및 충청도 북부지역을 포괄하는 '경토리권', 평안도와 황해도 지역을 포괄하는 '서도토리권', 태백산맥을 중심으로 하여 경상도 · 강원도 · 함경도 지역을 망라하는 '메나리토리권', 전라남북도와 충청도 남부지역을 포괄하는 '육자배기토리권', 그리고 제주도 전 지역을 망라하는 '제주도토리권' 등으로 나누어지고 있는데, 이 '민요권'은 대체로 '방언권'과 일치하는 경향이 있다.

이 중에서 전북민요는 '육자배기토리권'에 속하며, 그동안 '남도민요' 혹은 '전라도 민요' 등으로 불려져 왔다. '육자배기토리'는 다른 지역의 토리에 비하여 매우 특징 있는 스타일을 가지고 있어서 쉽게 구별된다. 우선 발성법면에서 보면 목을 눌러서 극적이고 거칠게 내는 '굵은목throaty'이 특징이며, 음계면에서는 계면조의 '떠는목', '평으로 내는목', '꺾는목'을 가지고 있고, 장단은 진양조 · 중모리 · 중중모리 · 자진모리 등, 이 지역 판소리나 산조음악과 같이 다른 지역에 비해 매우 다양하다.

그러나, 이와 같은 현재까지의 민요권 구분은 매우 성글고 미진한 것이었다. 그 이유 중의 하나는, 우선 이와 같은 민요권 구분이 노동요 · 의식요와 같은 토착적인 기능요 곧 이른바 '고정민요'를 중심으로 이루어진 것이 아니라, 주로 지역적인 토착성이 미약한 '비고정민요'[3]들을 중심으로 이루어지고 있다는 점이 문제점으로 드러난다. 비고정민요가 어떤 지역의 보편적인 노래라면, 고정민요는 그 지역의 세부적인 '차이'를 드러내주는 특수한 노래이다. 따라서 민요권을 정확하게 구분하려면 이 양자를 함께 고려하여 이루어져야만 할 것이다. 그러기 위해서는, 각 지역의 민요들, 특히

3 '고정민요' · '비고정민요(유동민요)'라는 용어는 절대적인 용어일수도, 상대적인 용어이다. 예컨대, 〈육자배기〉 · 〈흥타령〉 등은 전라도 각 지역의 토착 노동요에 대해서는 비고정민요(유동민요)이지만, 〈각설이타령〉에 대해서는 고정민요이다.

토착민요/고정민요들이 자세하게 조사 · 정리될 필요가 있다.

이러한 토착민요/고정민요는 노동요 · 제의요 등이 중심을 이루며, 지금까지의 전북민요 연구에 의하면 전북민요는 대체로 북동부-산간 민요권, 남동부-산간분지 민요권, 서북부-평야 민요권, 서남부-평야 민요권, 서부-해안 도서 민요권 등 5개 민요권으로 나누어지며,[4] 본고에서 다루고자 하는 순창민요는 남동부-산간분지 민요권에 속해 있다.

본고에서는 이 남동부-산간분지 민요권 민요의 세부적인 특징들과 전반적 성격을 파악하고, 이런 특징과 성격상에서 볼 때 순창민요 특히 순창 금과들소리가 가지고 있는 상대적인 특성과 성격이 무엇이고, 그러한 특성과 성격이 가지고 있는 우리나라 민요 무형문화유산으로서의 가치와 의의가 무엇인가를 파악해 보고자 한다.

Ⅱ. 전북민요의 민요권 구분

민요의 지역적 특성을 파악하려면 민요의 지역별 분포 상황을 구체적으로 파악하고, 이것을 토대로 하여 민요권을 구분하고 민요지도를 작성할 필요가 있다. 이 작업을 위해서는 먼저 지역별 분포 상황만 자세하게 파악해야, 이것을 가지고 민요권의 구분과 민요지도의 작성은 용이하게 수행할 수 있다.

이를 위해서는 소지역별 특성을 공시적 · 통시적으로 면밀히 고찰해야 하며, 전북 전지역에 두루 분포하는 '비고정민요'를 통해서는 이러한 파악

4 김익두(2012), 『한국민요의 민족음악학적 연구: 전북민요의 경우』, 서울: 민속원, 43-44쪽.

이 불가능하고, 그 소지역에서만 불려지는 노동요勞動謠나 제의요祭儀謠와 같은 '고정민요'를 통해서만이 이 작업이 가능하다.

이 작업은 전북지역 민요의 구체적인 특성을 확실하게 밝힘으로써 이를 통해 이 지역의 문화를 좀더 깊이 있게 이해하기 위한 것이다. 그러나 이 일은 이 지역 제보자들의 민요를 아주 자세하게 조사하해야 하는 어려움이 따르는 것이므로, 쉬운 일은 아니다.

여기서는 그 토착성과 지역성이 가장 강한 '노동요'를 중심으로 하여 전북민요의 지역구분을 행하고자 한다. 노동요, 특히 생활의 경제적 근거를 마련하기 위한 노동요를 기준으로 볼 때, 전북민요는 ① 동북부-산간 민요권(무주군, 장수군, 진안군, 완주군의 운주면, 남원시의 아영면 · 동면 · 산내면 · 운봉면), ② 동남부-산간분지 민요권(임실군, 남원시의 아영면 · 동면 · 산내면 · 운봉면을 제외한 전지역, 순창군), ③ 서북부-평야 민요권(익산시, 군산시, 완주군의 운주면을 제외한 전지역, 전주시, 김제시, 부안군), ④ 서남부-평야 산간 민요권(정읍시, 고창군), ⑤ 서부-해안 도서 민요권(위도 · 식도 · 왕등도 · 비안도 · 신시도 · 무녀도 · 선유도 · 장자도 · 관리도 · 야미도 · 방축도 · 명도 · 말도 · 개야도 · 연도 · 어청도, 군산 · 김제 · 부안 · 고창 해안지역)으로 5분할 수 있다.

Ⅲ. 전북민요의 민요권별 특성과 동남부-산간분지 민요권

앞절에서 언급한 전북민요의 민요권별 특성들을 민족음악학적인 관점에서 파악하여 정리해 보면 다음과 같은 도표를 얻게 된다.

〈표-1〉 전북민요의 지역별 특징

지역 구분	동북부-산간권	동남부- 산간분지 민요권	서북부-평야 민요권	서남부-평야 산간 산간권	서부-해안 도서권
세부 지역	무주군, 장수군, 진안군, 완주군의 운주면, 남원시의 아영면·동면·산내면·운봉면	임실군, 남원시의 아영면·동면·산내면·운봉면을 제외한 전 지역, 순창군	익산시, 군산시, 완주군의 운주면을 제외한 전 지역, 전주시, 김제시, 부안군	정읍시, 고창군	위도·식도·왕등도·비안도·신시도·무녀도·선유도·장자도·관리도·야미도·방축도·명도·말도·개야도·연도·어청도 및 군삼·김제·부안·고창 해안지역
생업 비중	밭농사와 논농사가 대략 1 : 1의 비율	밭농사보다 논농사 비중이 좀 더 높음	논농사 중심	논농사가 지배하나, 밭농사도 분포함.	어업이 주생업 해안가 농사업겸함
노동요 분포	밭일노래와 논일노래가 1 : 1 비중	논일노래와 밭일노래가 주종관계	논일노래가 지배	논일노래가 지배	어업노동요 중심
가창 방식	교환창 중심	선후창·교환창·제창 방식이 모두 나타남	'선후창'이 지배	선후창이 지배	선후창이 지배
가창자	〈밭매는노래〉는 주로 여성, 〈모심는노래〉는 남성과 여성이 비등	주로 남성	주로 남성	주로 남성	주로 남성
주요 음악어법 및 기능별 분화	'메나리토리' 중심, 기능별 미분화	'남부경토리'·'육자배기토리'·메나리토리 등 다양, 벼베는소리·등짐소리·타작소리 등이 없음.	'육자배기토리'와 '메나리토리'의 혼효, 산유화토리 나타남, 벼베는소리·등짐소리·타작소리 등의 분화 있음.	'육자배기토리' 중심	'섬토리' 중심,

이상의 〈표-1〉에서 순창민요는 동남부-산간분지 민요권에 속해 있으며, 지 지역에 속해 있는 지역은 임실군 전 지역, 남원시의 아영면 · 동면 · 산내면 · 운봉면을 제외한 전 지역, 그리고 순창군 전 지역이다.

이 지역은 지형상으로 앞에서 살핀 바 있는 동부 산간지역보다는 지대가 낮고 서부 평야지역보다는 높으며, 연평균기온과 기온의 연교차 및 일조량도 역시 그 중간적인 위치에 있다.

이 지역의 노동요는 종류 상으로 보면 도작노동요稻作勞動謠가 그 중심을 이루되, 동북부-산간지역의 전작노동요田作勞動謠도 일부 지역에서 어느 정도 나타나고 있어서, 도작노동요와 전작노동요가 주종관계를 이루는 '도주전종稻主田從' 형태의 노동요 분포를 보이고 있다.

이 지역 노동요는 가창방식 면에서 매우 특이한 현상을 보이고 있어서 주목된다. 즉, 전북의 다른 네 지역 민요권과는 달리 노동요의 가창방식이 선후창 · 교환창 · 제창齊唱 방식이 함께 나타나고 있으며, 특히 제창, 그 중에서도 어느 한 사람이 먼저 어떤 가사의 첫부분을 내놓으면 나머지 사람들이 그 가사를 함께 제창하는 '선독입후제창先獨入後齊唱'방식이 특히 도작노동요 속에서 자주 발견된다.

가창자들은 도작노동요의 경우 서부 평야지역과 마찬가지로 모두 남성들로 되어 있다. 가사 면에서는 다른 지역에 비해 특별히 발달한 점을 찾아볼 수 없다. 이 지역의 노동요도 가사보다는 곡조쪽이 더 다양하게 분화 · 발달해 있는 양상을 볼 수 있으며, 가사의 전승력보다는 곡조의 전승력이 더 강하다.

곡조의 기능별 분화 면에서 보면, 동북부-산간 민요권보다는 매우 다양하며, 특히 논매는소리의 분화가 가장 다양하게 나타나고 있다는 점이 가장 큰 특징이다. 다만, 서북부-평야 민요권에서 나타나는 벼베는소리/나락베는소리 · 등짐소리 · 타작소리 등은 이 지역에서는 발견되지 않는다. 곡조의 이와 같은 특성과 다양성은 이 지역 '소리꾼들'의 창조적 욕구를 자극하여, 이 지역에서도 많은 판소리 광대들이 나오게 되었고, 이른바 '동편제'의 본거지를 이루게도 되었다.[5]

음악어법 면에서는 남부경토리 · 육자배기토리 · 메나리토리 등이 다양하게 나타나고 있는 특징을 보이고 있고, 이러한 다양한 음악어법의 전개양상은 이 지역 민요의 이러한 특성에 많은 주목을 하게 만들고 있다. 또한 반주악기로 도작노동요의 전체 과정을 수행할 때 풍물을 사용하는 경우를 많이 볼 수 있으며, 특히 논에서 도작노동을 마치고 마을로 돌아올 때 부르는 '장원질소리'에서는 구성진 풍물 반주가 따르게 된다. 풍물 반주는 '교환창' 보다는 '선후창'과 더 관련이 깊어서, 전북 동북부-산간 민요권보다는 이 동남부-산간분지 민요권을 거쳐 서북부-평야 민요권 및 서남부-평야 산간권 등으로 내려갈수록 더 강화되는 경향이 있다.

IV. 동남부-산간분지 민요권 민요의 소지역별 전개 양상

이 동남부-산간분지 민요권에 속하는 임실 · 남원 · 순창 들소리/농요를 비교해 보면 다음과 같다. 우선 임실 · 남원 · 순창의 현재 파악해볼 수 있는 가장 대표적인 들소리는 다음과 같다.

5 전북의 소리꾼/판소리 광대는 주로 서북 · 서남부 평야권과 이 동남부 산간분지권에서 나왔으며, '동북부 산간권'에서는 거의 나오지 않았다. 이 점은 민요와 판소리의 관계를 살필 수 있는 하나의 단서로도 볼 수 있다.

〈표-2〉 동남부-산간분지 민요권의 소지역별 들소리/농요 전개 양상

지역 구분 / 민요 종류	남원군 대강면 평촌리 평촌마을 들소리	임실 삼계면 두월리 뒷골마을 들소리	순창군 팔덕면 월곡리 내원/외월마을 들소리	순창군 유등면 건곡리 학촌마을 들소리	순창군 금과면 모정리 중모·외모·신모 마을 들소리
물품는 소리	없음	있음	없음	없음	있음
모찌는 소리	없음	없음	없음	없음	있음
모심는 소리	상사소리	상사소리	상사소리	상사소리	상사소리
논매는 소리	①이슬털이 ②그물가 ③싸호소리	①문열가/이슬털이 ②방아타령 ③연계타령 ④사랑가 ⑤싸호소리	①문열개 ②꺼끄럼염불 ③두목지기 ④방아타령 ⑤진사허소리 ⑥잘룬사허소리	①문열가 ②그물타령 ③꽃방타령 ④아래타령 ⑤흥글타령 ⑥성게타령 ⑦호요타령	①문열가 ②연꽃타령 ③담담서름타령 ④오호타령 ⑤방애타령 ⑥오헤소리 ⑦사호소리
장원질 소리	장원질소리/소탄소리	경기산타령	두룸박깨는소리	①에야타령/장원질소리1, ②노향방초/장원질소리2	산아지타령
벼베는 소리	없음	없음	없음	없음	없음
등짐 소리	없음	없음	없음	없음	없음
타작 소리	없음	없음	없음	없음	없음

이상에서 정리한 동남부-산간분지 민요권의 대표적인 들소리/농요에 관한 정리 결과들을 분석해 보면 다음과 같다.

첫째, 노동 기능/종류에 따른 노동 기능별 노동요 종류를 보면, 물품는소리, 모심는소리, 논매는소리, 장원질소리 등으로 분화되어 나타나고, 서북부-평야 민요권에서 나타나는 벼베는소리, 등짐소리, 타작소리 등은 나타나지 않는다. 이는 이 지역이 서북부-평야 민요권보다는 평야의 발달이 이루어지지 않은, 산간지역의 성격이 강하기 때문인 것으로 판단된다.

둘째, 물품는소리는 임실군, 순창군에서만 조사되어 있고, 남원지역에서는 조사되어 있지 않다.

셋째, 모찌는 소리는 순창군 금과면 모정리 들소리에만 나타나고 있다.

넷째, 모심는소리는 5개 지역 모두에서 공히 나타나고 있으며, 상사소리로 불려지고 있다.

다섯째, 논매는소리는 5개 지역 모두에서 나타나는데, 남원지역은 3가지, 임실지역은 5가지, 순창지역은 7가지로 분화되어 나타나고 있다.

여섯째, 장원질소리는 5개지역 모두에서 타나나고 있으며, 순창군 유등면 건곡리 학촌 마을 들소리에서는 2가지로 분화되어 나타나고 있다.

일곱째, 5개지역 모두 벼베는소리, 등짐소리, 타작소리는 나타나지 않는다.

V. 순창 들소리의 지역별 전개 양상

그러면, 이번에는 순창군 지역으로 전승 범위를 좁혀서 살펴보면 어떤 지역적 차이를 보이는가를 살펴볼 차례이다. 순창군 지역 대표적인 들소리 전개 양상만을 다시 보면 다음과 같다.[6]

〈표-3〉 순창군 지역 민요권의 소지역별 등소리/농요 전개 양상

지역구분 / 민요종류	순창군 팔덕면 월곡리 내원/외월마을 들소리	순창군 유등면 건곡리 학촌마을 들소리	순창군 금과면 모정리 중모 · 외모 · 신모 마을 들소리
물품는소리	없음	없음	있음
모찌는소리	없음	없음	있음
모심는소리	상사소리	상사소리	상사소리
논매는소리	①문열개 ②꺼끄럼염불 ③두목지기 ④방아타령 ⑤진사허소리 ⑥잘룬사허소리	①문열가 ②그물타령 ③꽃방타령 ④아래타령 ⑤흥글타령 ⑥성게타령 ⑦호요타령	①문열가 ②연꽃타령 ③담담서름타령 ④오호타령 ⑤방애타령 ⑥오헤소리 ⑦사호소리
장원질소리	두룸박깨는소리	①에야타령/장원질소리1, ②노항방초/장원질소리2	산아지타령
벼베는소리	없음	없음	없음
등짐소리	없음	없음	없음
타작소리	없음	없음	없음

6 허정주(2017), 「전북민요의 지역적 특성과 무형문화재 지정문제: 전라북도 민요분야 무형문화재 지정을 위한 문제점 검토와 몇 가지 제언」, 『한국민요학』 49집, 한국민요학회, 249-278쪽 참조.

첫째, 물품는소리는 금과면 모정리 들소리에서만 나타나고 있다.

둘째, 모찌는소리는 금과면 모정리 들소리에서만 나타나고 있다.

셋째, 모심는소리는 3개 지역에 공히 모두 '상사소리'로 나타나고 있다.

넷째, 논매는소리는 3개 지역에 각기 6-7가지의 소리로 다양하게 분화되어 나타난다.

다섯째, 장원질소리는 3개 지역에 모두 타타나며, 유등면 건곡리 학촌 마을에서는 2가지로 분화되어 나타나고 있다.

여섯째, 벼베는소리, 등짐소리, 타작소리는 3개 지역 모두 나타나지 않고 있다.

이상에 살펴본 바와 같이, 순창군 들소리/농요에서는 논매는소리의 매우 다양한 분화가 이루어지고 있음을 볼 수 있다. 따라서, 순창 들소리/농요의 특징을 좀 더 자세히 살펴보기 위해서는, 이 순창지역 들소리/농요들을 좀 더 자세히 살펴볼 필요가 있다.

1. 팔덕면 월곡리 내월/외월 마을 들소리/농요의 전개

이 마을 들소리/농요는 물품는소리, 모찌는 소리는 채록되지 않았으며, 모심는소리는 상사소리로 부르며, 논매기는 일 년에 세 벌 매는데, 초벌매기는 호미로, 두벌매기 · 세벌매기는 손으로 맨다.[7] 세 벌 매기는 '만두리'라

---

7 전북 서북부-평야 민요권 및 서남부-평야 산간 민요권에서는 논매기를 초벌매기 · 두벌매기는 호미로, 세벌매기는 손으로 한다. 이러한 차이는 각 지역의 해발고도에 따른 일조량 및 기온의 차이 때문이다. 즉, 남동부-산간 민요권은 서북부-평야 민요권 및 서남부-평야 산간 민요권보다 해발고도 높고 일조양이 적기 때문에, 논매기를 할 때 호미로 논매기를 많이 하여 벼 뿌리를 많이 깊이 잘라

부른다. 논매는소리는 문열개→꺼끄렁염불→두목지기→방야타령→진사허소리→잘룬사허소리 순서로 부르고, 사호소리는 논매기를 마무리짓는 소리이다.[8] 논매기를 다 마친 다음 마을로 돌아올 때에는 장원질소리인 '두름박깨는소리'를 부른다. 벼베는소리 · 등짐소리 · 타작소리는 채록되지 않았다.

이 마을 들소리/농요를 자세히 살펴보면 다음과 같다.

1) 모심는소리

① 상사소리 : 이 마을 모심는소리는 '상사소리'로 부른다. 순창지역 전체적으로 모심는소리는 상사소리로 되어 있다. '앞소리 + 후렴' 형태로 이루어진 선후창 가창방식으로 되어 있어서, 후렴 없이 본사/앞소리만 두 패가 주고받는 교환창 모노래로 부르는 전북 북동부-산간 민요권과 이 남동부-산간분지 민요권을 구별하는 가장 중요한 변별점이 되고 있다.

2) 논매는소리

논매는소리는 매우 다양하게 전개되고 있으며, 그 구체적인 양상은 다음과 같다.

주면, 가을에 황숙이 늦어져 벼 수확에 문제가 생기기 때문이다. 전북 북동부-산간 민요권에서는 이 세 지역보다 해발고도와 더 높고 일조량이 더 적기 때문에, 논매기를 두 번만 하며, 초벌매기는 호미로, 두벌매기는 손으로 하는 경우가 많다.

8 김익두 외(1995), 『한국민요대전』(전라북도 편), 서울: 문화방송, 216쪽.

① 문열개 : '문열개'란 논매기를 처음 시작하는 소리. '시작한다' 곧 '문을 연다'라는 뜻으로 '문열가'라 한다. 아침 일찍 이슬도 마르기 전에 조반 밥도 먹지 않고 논으로 가서 논매기 일을 시작하면서 부르는 노래라는 뜻으로 지역에 따라서는 '이슬털이'라고도 한다.

한 사람이 첫소리를 내면 여러 사람들이 후렴 없이 그 소리를 따라 제창으로 부르며, 두 패의 소리패가 서로 후렴 없이 주고받는 두 패 '제창-교환창' 가창방식으로 부른다. 엄밀히 말하자면 한 사람이 먼저 소리는 내는 식이므로 제창 방식도 '선입후제창先入後齊唱'의 가창방식으로 부르는 것이다. 이 마을의 경우에는 대략 30여 명이 두 패로 나누어 '선입후제창'의 '제창-교환창' 가창방식으로 불렀다고 한다.

② 꺼끄렁염불[9] : 문열가 다음에 부르는 소리로 초벌매기 · 두벌매기 · 세벌매기 중 어느 때나 부른다. 소리패가 두 패로 나뉘어 선후창 가창방식의 노래를 서로 주고받는 교환창 가창방식으로 부르는 형식이니, 선후창 가창방식과 교환창 가창방식이 융합된, 매우 복잡한 가창방식 곧 '선후창-교환창'이라는 '복합-가창방식'이 되고 말았다.

음색은 육자배기토리가 지배하고 있다. 이 마을은 일찍이 동편제 명창 김세종[10]의 고향인데, 이런 영향인 것 같기도 하지만, 이 마을 가창자들은

---

9 제보자에 의하면, '꺾은염불'이란 뜻이라고 함.

10 김세종(金世宗)은 전북 순창군 팔덕면 월곡리에서 태어나 19세기에 활동한 전기 팔명창 중의 한 사람이다. 판소리 가왕 송흥록에게서도 소리를 배웠으며, 그에게 소리를 배우기 전에 이미 '집안 소리' 내력이 있는 세습예인 집안 사람이었다. 어려서부터 가문 소리로 동편제 판소리를 익혔으며, 고창의 신재효 문하에서 여러 해 동안 판소리에 관한 이론적인 지침을 받아, 실기와 이론을 잘 겸비한 명창으로 추앙을 받았다. 장자백 · 유성준 · 이동백 · 이선유 · 전도성 · 김찬업 · 허금파 등 당대의 제일 명창들이 다 그의 제자들이고, 전주대사습을 통해 명창으로 이름을 널리 알렸으며, 일설에는 최초의 여루 명창이자 신재효의 제자인 진채선이 대원군 시절 경회루 낙성연에 참여하기 위해 상경할 때 그가 동행했다고 한다. 1885년 9월 전라감영에서 잔치를 하고 지출 내역을 작성한 「연수

음색을 육자배기토리가 매우 강하게 느껴지는 방향으로 들소리를 부르는 경향이 있다. ·

가창자들의 말로는, 이 노래의 후렴구 "아이고 답답 설운지고"가 염불조라서 '꺼끄렁 염불'이라는 이름으로 부른다고 한다.[11] 이 노래와 비슷한 후렴은 전북 진안군 성수면 도통리 중평 마을의 밭매는소리 후렴 "아이고 담담 설움이야/ 참아 설워서 내 못 살겄네", 전북 임실군 지사면 안하리의 밭매는소리 후렴 "아이고 담담 내 설움 제워서 내 못 살겄네.", 그리고 이곳 순창군 팔덕면 월곡리 논매는소리 '꺼끄렁 염불'의 후렴 "아이고 답답 설운지고.", 순창군 순창읍 가남리 가잠 마을의 논매는소리 '오동동추야'의 후렴 "아이고 호호 담담 설움이야.", 그리고 전남 곡성군 삼기면 원등리 학동 마을의 논매는소리 '설움타령의 후렴 '아이고 답답 설움이야." 등으로 어어져 나타나고 있다. 명확하지는 않지만 이 일련의 후렴구들은 서로 어떠한 지역적인 상호 영향관계를 형성하고 있는 것으로 보인다.

③ 두목지기 : 앞의 '꺼끄렁 염불' 다음으로, 점심 때가 되어갈 무렵에 부르는 노래로, 역시 추벌매기 · 두벌매기 · 세벌매기 등 어느 때나 부른다. 역시 육자배기조의 선후창 가창방식 노래를 두 패 교환창으로 부르는 독특한 가창방식의 노래이다. 그러니까, 이 노래도 앞의 '꺼끄렁 염불'과 같이 선후창 가창방식과 교환창 가창방식이 융합된, 매우 융합적인 '선후창-교환창'이라는 '복합-가창방식' 형식을 위하고 있는 것이다.

이러한 순창지역의 '복합-가창방식'은 우리가 우리 민요의 가창방식을

전중용하기(宴需錢中用下記)」에는 이날치와 장자백에게 오십 냥, 김세종에게 백 냥의 행하를 지급했다는 기록이 남아있다. 이로부터 당시 김세종의 명성과 인기가 매우 높았음을 알 수 있다.

11 1990년 12월 19일, 순창군 팔덕면 월곡리 내월 마을 권상규(남, 79) · 장귀주(남, 76) 제보.

논의할 때에 학자들이 주목해야만 할 가창방식으로 주목된다. 이러한 '복합-가창방식'은 아마도 전북지역 민요권 분포 상으로 볼 때에는, 동북부-산간 민요권의 교환창 중심 지역과 서북부-평야 민요권의 선후창 중심 지역, 그리고 순창 남쪽의 전남 민요권의 육자배기토리 중심 민요권이 부딪쳐 충돌하는 '접경지역'이 바로 이 서남부-산간분지 민요권, 특히 순창지역이라는 데에서 일어나는 '접경-충돌 현상'이 아닌가 판단하고 있다. 이런 면에서도, 이 순창지역의 민요 특히 순창지역 고정민요 들소리/농요는 학술적으로 우리나라 토착민요 중에서 매우 중요한 위치를 확보하고 있다.

음색은 육자배기토리가 강하며, 후렴의 '어라 이히 이히 이'를 두 번 반복하기 때문에 '두목지기' 또는 '두모꺼지'라 부른다고 가창자들은 말한다. '헌개로다' 혹은 '방개로다'라는 후렴은 전북지역 논매는소리에 두루 나타나는 '공통지표'이다. 순창군 적성면 지북리 지북 마을에서도 논맬 때 '두목꺾기/도모꼭지'를 불렀다고 하는데, 후렴은 '뒤요 뒤요'라고 하여 다르게 변이되고 있다. 서로 영향관계가 있는 듯하다. 장단은 역시 불규칙적인 박자를 취하고 있고, 구성음은 낮은음부터 'Sol, do, re, mi, fa, sol, ra, do'이며, do로 끝난다.

④ **방아타령** : '두목지기' 다음에 부르는 소리로, 초벌매기 · 두벌매기 · 세벌매기 때에 두루 부르지만, 앞의 '꺼끄렁 염불'이나 '도목지기'와 같이 '선후창-교환창'의 '복합-가창형식'의 가창방식으로 부르고, 음색은 역시 육자배기토리가 지배적이다. 후렴 중에 '방아' · '방허' · '헌개' 등의 구절이 들어있어서, 노래의 명칭을 '방아타령' 혹은 '방개타령' 등으로 불리운다. 이러한 명칭의 노래는 전라북도 서북부-평야 민요권 및 서남부-평야 산간 민요권에 두루 나타나는 현상이므로, 이 들소리/농요도 그러한 서북부-평야 민요권 및 서남부-평야 산간 민요권의 영향을 받은 것으로 판단된다.

⑤ 진사호소리 : 논매기를 마무리짓는 소리로, 템포를 비교적 느리게 할 때 부른다. 역시 육자배기토리가 지배적인 선후창 가창방식의 노래이다. 다른 지역에서는 후렴 문구에 따라 '싸호소리'라고도 부른다.

⑥ 잘룬사호소리 : 논매기를 마무리짓는 소리로, 템포를 비교적 빠르게 할 때 부른다. 역시 육자배기토리가 지배적인 선후창 가창방식의 노래이다.

3) 장원질소리

① 두룸박깨는소리/장원질소리[12] : 마지막 논매기 곧 '만두레'를 마치고 두레패 일꾼들이 흥겨운 풍장을 울리며 마을로 돌아올 때 부르는, 이른바 '장원질소리'이다. 제보자들의 말에 의하면, 마을에서 부유한 집 머슴에게 삿갓을 거꾸로 씌운 다음 그를 소 등에 태우고, 다른 사람이 소의 코뚜레를 붙들고, 두레패의 풍물패가 장원질 질꼬내기 길굿가락 풍물을 울리며, 삿갓이나 밀짚모자들을 쓴 두래패 일꾼들이 황소 등을 두들기면서, 그 부짓집으로 행진해 가면서 부르는 들소리이다. 이 때에는, "황소 등이 흠뻑 젖는다."고 한다. 가락은 2분박 4박자로, 구성음은 낮은음부터 Mi, La, do 3음음계이며, La로 끝난다.

12 이 노래는 엄밀히 말하면 '논매논소리'는 아니지만, 그와 연계되어 있는 노래이기에 여기에 함께 넣어 다루었다.

2. 유등면 건곡리 학촌 마을 들소리/농요의 전개

이 마을 들소리/농요에서도 물품는소리, 모찌는 소리는 채록되지 않았으며, 모심는소리는 상사소리로 부르며, 논매기는 일 년에 세 벌 매는데, 초벌매기는 호미로, 두벌매기 · 세벌매기는 손으로 맨다. 세 벌 매기는 '만두리'라 부른다. 논매는소리는 문열가→그물타령→꽃방타령/꽃방아타령→아래타령→흘글타령→호요타령/사호요소리 순서로 부르고, 호요타령/사호소리는 논매기를 마무리짓는 소리이다.[13] 논매기를 다 마친 다음에는 흥겨운 장원질소리인 '에야타령'을 부르며 마을로 돌아오며, 마을로 돌아와서는 '노향방초'라는 흥겨운 노래를 부르면 논다. 벼베는소리 · 등짐소리 · 타작소리는 채록되지 않았다. 자세히 살펴보면 다음과 같다.

1) 물품는소리

① 물품는소리 : 이 마을 민요조사 기록[14]에 의하면, 이 마을에 물품는소리가 있는 것으로 조사되어 있으나, 이 마을 제보자 최재복(남, 1936생) 옹은 이 마을에는 물품는소리가 없었다고 하는 것으로 보아, 이 조사 기록이 잘못된 것으로 보인다.

2) 모심는소리

① 상사소리 : 이 마을 모심는소리도 '상사소리'로 부른다. 순창지역 전체

---

13 김익두 외(1995), 『한국민요대전』(전라북도 편), 서울: 문화방송, 235-249쪽.

14 전주향토문화연구소 편(2004), 『순창 구전민요집』, 순창: 순창군청, 139쪽.

적으로 모심는소리는 상사소리로 되어 있다. '앞소리 + 후렴' 형태로 이루어진 선후창 가창방식으로 되어 있어서, 후렴 없이 본사/앞소리만 두 패가 주고받는 교환창 모노래로 부르는 전북 북동부-산간 민요권과 이 남동부-산간분지 민요권을 구별하는 가장 중요한 변별점이 되고 있다.

3) 논매는소리[15]

이 마을 논매는소리도 다음과 같이 매우 다양하게 전개되고 있다. 구체적으로 살펴보면 다음과 같다.

① **문열가/문열개** : 논매기를 시작하는 소리로, 아침에 논매기를 시작하여, '아침새참'을 먹기 전까지 부른다고 한다. 그래서, 이 노래는 '아침새참'을 가져오라는 신호라고도 한다. 육자배기토리에 가까운 음색으로, 일꾼들을 두 패로 나누어 한 패가 한 번씩 불러서 두 노래패가 노래를 서로 주고받는 두 패 '제창-교환창' 가창방식으로 부른다. 이런 면에서 앞의 팔덕면 월곡리 '문열개'와 그 가창방식이 같다. 이 노래는 초벌매기 · 두벌매기 · 세벌매기 등 어느 때나 부를 수 있다. 일꾼들은 늘어선 순서대로 반반씩 두 패로 나뉘어 노래를 부른다.

② **그물타령** : 아침 새참을 먹고 다시 심을 매기 시작하는 노래이다. 이 '그물타령'은 순창군 순창읍 가잠리, 순창군 풍산면 대가리, 남원군 대강면 평촌리 등, 서로 가까이 인접한 지역에서 채록되고 있어서, 서로의 영향관

15 이 마을 제보자 최재복 옹의 제보에 의하면, 이 마을 논매는소리는 '효요타령/장원질소리' 및 '에야타령'을 제외하고는, 모든 소리를 다 일꾼들을 두 패로 나누어서 노래를 불렀다 한다.

계가 있을 것으로 보인다. 이 노래도 일꾼들을 좌우로 절반씩 나누어, 먼저 절반의 일꾼들이 한 절의 선후창을 부르고, 나머지 절반이 그에 이러서 한 절의 선후창을 부르는, 즉 선후창 노래를 서로 한 절씩 주고받는 독특한 '선후창-교황창'의 '복합-가창방식'으로 이 들소리를 부른다.

③ 꽃방타령/꽃방아타령[16] : 제보자들의 말에 의하면, 논을 맬 때 주인집에서 점심바구니를 이고 논으로 나올 때쯤 되어서, "점심 때가 다가오니 몸도 가볍고 흥이 나서" 부르는 노래라고 한다. 역시 두 패의 일꾼들이 한 절씩을 번갈아가며 부르는 두 패 '선후창-교환창' 가창방식으로 부른다. 후렴구의 "어리씨고나 야야/ 저리씨고나 야야/ 저리나 존가 좋네 아하/ 엉저리싸자리씨고"로 보아, 이른바 토속민요 서도소리 혹은 경기도소리 '배꽃타령' 계통의 노래가 정파되어 온 것으로 본이다.

이 '배꽃타령'의 남쪽에로의 전파는, 전라북도의 경우 군산시 대야면 죽산리 탑동 마을, 정읍시 태인면 태성리, 임실군 지사면 안하리, 임실군 삼계면 두월리 뒷골, 순창군 순창읍 가남리, 순창군 유등면 유등면 건곡리 학촌마을, 순창군 풍산면 대가리 대가 마을, 등에서 나타나고, 이 외에도 다른 지역에서는 전남 곡성군 옥과면 합강리, 전남 화순군 능주면 천덕리, 전남 신안군 비금도, 전남 고흥군 금산면 어전리 연소 마을, 경남 남해군 남해읍 아산리 아산 마을 등에서도 그 전파 현상이 확인되는 매우 특이한 노래이다.[17] 이 노래가 어떻게 이렇게 멀리로까지 전파된 것인가에 관해서는, 전북 군산시 대야면 죽산리 탑동 마을 고 고판덕 옹은 황해도에서 전라도로 오고

16 서도소리 혹은 경기도소리 '배꽃타령' 계통의 노래로서, 전북민요 중에서 가장 원거리의 전파 · 변이를 보여주는 민요이다.

17 손인애(2005), 「토속민요 배꽃타령계통 소리 연구」, 『한국민요학』 17집, 한국민요학회, 175쪽.

가던 '이마꾼들'한테 이 노래를 배웠다는 제보를 들은 적이 있다. 그러나 계통은 같은 것이지만, 그 전파 지역에 따라 그 곡조나 기능까지도 변화되어 나타나고 있다.

④ **아래타령** : 점심을 먹고 긴 휴식을 취한 후에, 대략 오후 3시경부터 다시 논매기를 시작할 때 부르는 소리이다. 역시 가창방식은 두 패가 선후창 한 절씩을 서로 주고받은 형식의 '성후창-교환창' 가창방식을 취하고 있다. 곡조 면에서는 앞서 살펴본 순창군 팔덕면 월곡리 외월/내월 마을의 '두목지기'와 비슷한 데가 있는 노래이다. 그 디 지역의 전파-영향관계가 짐작되기도 한다,

⑤ **흥글타령** : 가창자들의 말에 의하면, 오후새참을 먹고 날이 기울러 '무더위도 숙어지니 홍이 나면서' 부르는 소리라 한다. 가창방식은 역시 두 패가 한 절씩의 선후창을 교대로 주고받는 '선후창-교황창' 가창방식으로 부른다. 앞서 살펴본 바 있는 순창군 팔덕면 월곡리 외월/내월 마을의 논매는 소리 '꺼끄렁염불'의 후렴 "아이고 답답 설운지고"와 이노래의 후렴이 비슷하며 이 두 소리의 상호영향 관계를 짐작케 한다.

⑥ **성게타령** : 가장자들의 말에 의하면, 호미로 논을 맬 때, "김을 다 매고 잠깐 쉬면서 술을 한 잔씩 마신 다음 모를 추어주면서 부르는 소리"라 한다. 즉, 호미로 논을 맨 다음, 호미를 허리춤에다 차고, 흙에 묻힌 모 포기들을 바르게 추어 주면서 부르는 노래라 한다. 역시 두 패로 나누인 노래패가 선후창으로 된 한 절씩을 서로 주고받으며 부르는 두 패 '선후창-교환창' 가창방식으로 부른다. 2분박 6박자로 구성음은 낮은음부터 Mi Fa La Si do이나, Fa와 Sol은 단 한 번 출현하므로, Mi Ra Si do re의 5음음계라 할 수 있고,

Mi로 끝이 난다.

⑦ 호요타령/사호소리 : 오후새참을 먹은 뒤에, 논매기 작업이 거의 끝나갈 무렵에 "끝나간다"는 싱호로 부르는 소리라 한다. 다른 지역의 '어휘싸오' 혹은 '싸호소리'와 같은 역할을 하는 소리이다. 역시 두 패가 한 절씩을 교대로 부르는 식의 '선후창-교환창' 가창방식의 노래이다.

4) 장원질소리

① 에야타령[18] : 논매기 작업이 끝나고 부짓집 논임자나 그 집 머슴을 소에 태우고 마을로 돌아오면서 흥겹게 부르는 소리, 곧 이 마을의 '장원질소리'이다. 이 노래의 가창방식은 앞에서 본 가창방식 곧 선후창으로 된 한 절의 단위를 두 패가 사로 주고받는 식으로 부르는 '선후창-교환창' 가창방식이 아니라, 앞소리패는 선후창으로 된 한 절[메김소리 + 후렴]을 부르고, 뒷소리패는 앞소리의 후렴구만을 부르는 '선후창-후렴' 가창방식을 취하고 있어서 주목되는 매우 특이한 가창방식이다.

5) 놀자판소리[19]

① 노향방초 : 이 노래는 논매기 작업을 마치고 길굿 풍물 장단에 추어 장원질소리인 '에야타령'을 흥겨웁게 부르면서 마을로 돌아온 뒤에, 주인

---

18 이 노래 및 그 다음 노래는 엄밀히 말하면 '논매논소리'는 아니지만, 그와 연계되어 있는 노래이기에 여기에 함께 넣어 다루었다.

19 '장원질소리'와 그 기능이 다르기 때문에 구별하기 위해 필자가 임시로 붙인 명칭임.

집에서 저녁을 마치고 이른바 '모주떨이[술독에 마지막 남은 술을 걸러서 마시는 놀이]'를 하면서 부르는, 이 마을 가창자들의 말에 의하면 '젤로 흥겨운' 노래이다. 임실군 자사면 안하리 '배꽃타령'과 비슷한 기능을 담당하는 노래이다. 장단은 3분박 4박자, 구성음은 낮은음부터 Fa Sol La Si do re mi sol la do′ re′의 2옥타브로, 다른 노래들과는 달리 비교적 넓게 분포되어 있고, Sol로 끝이 난다. 가창방식은 앞의 노래들과 같이 두 패로 나누어 한 패가 선후창으로 된 한 절을 부르면 다른 패가 똑같은 구성으로 된 선후창 가창방식의 한 절을 부르는 두 패 '선후창-교환창' 가창방식으로 부른다.

이상에서 살펴본 바와 같이, 이 순창군 유등면 건곡리 학촌 마을의 들소리/농요들도 매우 독특한 가창방식으로 불려지는 것을 알 수가 있다.

3. 금과면 모정리 들소리/농요의 전개

이 마을 들소리/농요에서도 물품는소리 · 모찌는 소리도 채록되었으며, 모심는소리는 상사소리로 부르고, 논매기는 일 년에 세 벌 매는데, 초벌매기는 호미로, 두벌매기 · 세벌매기는 손으로 맨다. 세 벌 매기는 '만두리'라 부른다. 논매는소리는 문열가→연꽃타령→담담설움타령→오호타령→방애타령→호헤소리/긴소리→사호소리/잘룬소리 순서로 부르고, 호헤이소리 및 사호소리는 논매기를 마무리짓는 소리이다.[20] 논매기를 마친 다음에는 흥겨운 장원질소리인 '산아지타령'을 부르며 마을로 돌아온다. 벼베는소리 · 등짐소리 · 타작소리는 채록되지 않았다. 자세히 살펴보면 다음과

20 김익두 외(1995), 『한국민요대전』(전라북도 편), 서울: 문화방송, 235-249쪽.

같다.[21]

1) 물품는소리

① 물품는소리 : 옛날 수리시설이 미비하던 시절에, 못자리판을 만들기 위해, 두레질을 해서 방죽에 고인 물을 못자리판 만들 논배미로 퍼 올리면서 부르던 노래이다. 조사에 의하면 '독창'으로 부른다고 되어 있는 곳도 있지만,[22] 좀 더 자세히 다시 조사해볼 필요가 있다. 왜냐하면, 이 노래는 여럿이 공동으로 두레질 노동을 하면서 부르는 노동요이기 때문에, 후렴이 있는 선후창 노동요일 가능성이 많기 때문이다.

2) 모찌는소리

① 모찌는소리 : 전북 북동부-산간 민요권에서는 모찌는소리도 후렴 없이 본가사/메기는소리만 주고받는 교환창으로 부르고, 그 곡조 또한 모심논소리 · 밭매는소리와 같이 우리나라 동부-메나리토리로 부르지만, 이곳 모찌는소리는 육자배기토리의 후렴이 있는 '선후창' 가창방식으로 부르고, 매기는소리는 독창, 받는소리/후렴은 제창으로 부른다.

---

21 김월덕(2004), 「순창군 금과면 모정리 들노래의 지역적 특성과 문화적 전개」, 『구비문학연구』 19호, 한국구비문학회, 317-346쪽.

22 금과들소리보존회 편(2005), 『순창의 민요』, 금과들소리보존회, 43쪽.

3) 모심는소리

① 상사소리 : 이 마을 모심는소리도 '상사소리'로 부른다. 순창지역 전체적으로 모심는소리는 상사소리로 되어 있다. '앞소리 + 후렴' 형태로 이루어진 선후창 가창방식으로 되어 있어서, 후렴 없이 본사/앞소리만 두 패가 주고받는 교환창 모노래로 부르는 전북 북동부-산간 민요권과 이 남동부-산간분지 민요권을 구별하는 가장 중요한 변별점이 되고 있다. 이 노래는 노래패를 나누지 않고 한 패로 불렀다 한다.[23]

4) 논매는소리[24]

이 마을 논매는소리도 매우 다양하게 분화되어 있으며, 그 구체적인 양상은 다음과 같다.

① 문열가 : "논의 문을 연다, 첫 관문을 연다."라는 뜻에서 붙여진 이름이라고 한다.[25] 육자배기토리에 가까운 음색으로, 일꾼들을 두 패로 나누어 한 패가 한 번씩 불러서 두 노래패가 노래를 서로 주고받는 두 패 '제창-교환창' 가창방식으로 부른다. 이런 면에서 앞의 팔덕면 월곡리 '문열개'와 그 가창방식이 같다. 이 노래는 초벌매기 · 두벌매기 · 세벌매기 등 어느 때나

---

23 금과들소리보존회, 김봉호 회장님 제보.

24 김봉호 회장님 제보에 의하면, 논매는소리 중에 초벌매기소리인 '문열가' · '연꽃타령'만 일꾼들을 두 패로 나누어, 한 패가 소리를 하면 한 패는 김을 매고, 이어서 다른 한 패가 소리를 하면 한 패는 다시 김을 매는 식으로 부른다고 하며, 나머지 논매는소리는 모두 패를 나누지 않고 함께 부른다 한다. 이에 비해 학촌 마을 들소리 제보자 최재복 옹의 제보에 의하면, 학촌 마을에서는 모든 논매는 소리들을 다 패를 나누어서 불렀다 한다. 이에 관해서는 좀 더 치밀한 조사가 필요하다.

25 순창군청 편(2004), 『순창구전민요집』, 순창군청, 8쪽.

부를 수 있다. 일꾼들은 늘어선 순서대로 반반씩 두 패로 나워여, 한 패가 노래를 부르면, 한 패는 김을 매고, 다른 한 패가 노래를 부르면 한 패는 다시 논을 맨다. 이 마을에서는 이 노래를 초벌매기 때 부른다 한다.

② 연꽃타령 : 초벌매기 때 부르는 노래라 한다. 역시 일꾼들을 두 패로 나누어 '문열가'와 같은 방식으로 한 패가 소리를 하면 한 패는 김을 매고, 다른 한 패가 소리를 하면 한 패는 김을 매는 식으로 부른다. 가창형식을 보면, 한 절의 구성은 선후창[앞소리 + 후렴] 형식으로 되어 있고, 이 선후창으로 이루어진 한 절씩을 한 패가 부르고, 이어서 다른 한패가 부르는 식으로 이어진다. 따라서, 이 가창형식은 '선후창-교환창' 가창방식의 '혼합-가창방식'이 된다. 이 노래는 토속민요 서도소리 혹은 경기도소리 '배꽃타령'이 전북을 거쳐 전남 및 경남에까지 그 전파 양상을 보이는 중요한 전파 사례들 중의 하나로서도 매우 주목되는 노래이다. 이 배꽃타령'은 전파되면서 지역에 따라 장원질소리로, 혹은 논매는소리 등으로 그 기능이 변이되는 사례들을 보이고 있다. 초벌매기 때 부른다고 한다.

③ 담담서름타령 : 두벌매기/군벌매기 때 부른다 하며, 패를 나누지 않고 크게 원을 그리면서 함께 부른다 하고, 가창방식은 '선후창' 가창방식이다. 왜냐하면, 노래하는 패를 두 패로 나누어 주고받는 식으로 하지 않고 노래패를 한 패로 하여 함께 앞소리를 누군가가 메기고, 나머지 노래패 구성원들은 후렴을 받는 선후창[앞소리 + 후렴] 방식으로만 되어 있기 때문이다. 팔덕면 월곡리의 '꺼끄렁염불'과 같은 계통의 노래로 보인다.

④ 오호타령 : 두벌매기/군벌매기 때 부른다 하며, 패를 나누지 않고 크게 원을 그리면서 함께 부른다 하고, 가창방식은 '선후창' 가창방식이다. 왜냐

하면, 노래하는 패를 두 패로 나누어 주고받는 식으로 하지 않고, 노래패를 한 패로 하여 함께 앞소리를 누군가가 메기고, 나머지 노래패 구성원들은 후렴을 받는 선후창[앞소리 + 후렴] 방식으로만 되어 있기 때문이다. 같은 이름의 들소리 논매는소리가 군산시 대야면 죽산리 탑동 마을 논매는소리에도 있는데, 그 곡조는 다르다.

⑤ 방애타령 : 두벌매기/군벌매기 때 부른다 하며, 패를 나누지 않고 부르기 때문에 가창방식은 '선후창' 가창방식이다. 왜냐하면, 노래하는 패를 두 패로 나누어 주고받는 식으로 하지 않고, 노래패를 한 패로 하여 함께 앞소리를 누군가가 메기고, 나머지 노래패 구성원들은 후렴을 받는 선후창[앞소리 + 후렴] 방식으로만 되어 있기 때문이다. '방에타령'이란 이름의 들소리 논매는소리가 전북 서북부-평야지역 민요권에 많이 보이는 명칭이다.

⑥ 오헤이소리 : 세벌매기 만두레 때, 논매기를 마무리 짓은 소리이며, 그 중에 느리게 부르는 소리이다. 다음 소리와 같이 만두레소리인데, 그 빠르기가 달라 따로 분리하였다. 역시 노래패를 둘로 나누지 않고 부르면서 '앞소리 + 후렴' 형태를 취하기 때문에 가창방식은 '선후창'이다.

⑦ 사호소리 : 세벌매기 만두레 때, 논매기를 마무리 짓은 소리이며, 그 중에 빠르게 불러서 논매기를 마무리 짓은 소리이다. 역시 노래패를 둘로 나누지 않고 부르면서 '앞소리 + 후렴' 형태를 취하기 때문에 가창방식은 '선후창'이다.

4) 장원질소리

① 산아지타령 : 노매기를 모두 마치고 두래패가 마을로 들어오면서 부르는 흥겨운 장원질소리이다. 노래패를 나누지 않고 한 패가 '앞소리 + 후렴' 형태의 가창방식으로 부르기 때문에, '선후창' 가창방식의 노래이다.

VI. 금과들소리의 무형문화유산적 의의와 가치

이상에서 구체적으로 논의한 순창 들소리/농요의 내용을 종합하여, 금과들소리의 무형문화재적 가치를 도출해 보면 다음과 같다.

첫째, 순창 금과들소리는 전북민요 5개 민요권 중에서 동남부-산간분지 민요권의 가장 대표적인 들소리/농요이다.

둘째, 순창 금과들소리는 전북 북동부-산간 민요권과 전북 서북부-평야 민요권 및 서남부-평야 산간 민요권, 그리고 전남-동북부 민요권 사이의 접경지역 민요권에 해당하는 지역의 들소리/농요로서의 대표성을 가장 잘 보유하고 있다.

셋째, 전북 동남부-산간분지 민요권의 들소리/농요들 중에서, 그 각 노동기능[물품기 · 모찌기 · 모심기 · 초벌매기 · 두벌매기 · 만두레 · 장원레 등]에 따른 노래의 분화가 가장 다양하게 나타나고 있다.

넷째, 가창방식 면에서 보면, 전북민요 5개 민요권 민요들 중에서 논매는 소리가 각 기능에 따라 가장 다양하게 분화 · 발전되어 있어서, 독창 · 제창 · 교환창 · 선후창 · 제창-교환창 · 선후창-교환창 등의 가창방식들이 두루 나타나고 있어서, 학술적으로 매우 중요하다.

다섯째, 창법 면에서 보면, 서도소리 및 남부경토리 · 메나리토리 · 육자배기토리 등, 우리나라 전통 민요에서 나타나는 독특한 지역 토리들이 가장 다양하게 융합되어 나타나고 있다.

여섯째, 이런 여러 주요 특징들로 볼 때, 이 순창 금과들소리는 우리나라 전통민요 분야의 국가문화재로서의 가치를 충분히 확보하고 있으며, 이에 따라 금과들소리는 민요분야 국가 무형문화재로 지정 · 보호되어야 한다.

Ⅶ. 결어

이상에서, 순창 금과들소리의 무형문화재적 가치를, 민요의 지역성, 기능에 따른 노래 종류의 분화, 곡조의 다양한 분화, 창법 및 음색의 복합성, 가창방식의 다양성 등의 측면에서 구체적으로 논의해 보았다.

이상에서 논의한 결과, 순창 금과들소리의 무형문화유산적 가치는 어느 정도 충분히 논의되었다고 파단된다. 앞으로, 이런 구체적인 학술적 논의와 논증을 근거로 하여, 이 금과들소리가 하루 속히 국가무형문화재로 지정 · 보호되는 날이 오기를 고대한다.

본 논의에서 미처 다루지 못한, 앞으로 좀 더 깊이 논의해야할 몇 가지 사항들을 여기에 더붙여 두고자 한다.

첫째, 금과들소리에 대한 전반적-조합적-체계적인 학술조사와 이에 근거한 "순창 금과들소리" 종합 전문 학술 책자가 발간되어야 한다. 지금까지 나와 있는 순창 금과들소리 관련 책자들은 이러한 학술적 전문 고증과 체계적이고 종합적인 정리가 제대로 이루어지지 못한 채로 방치되어 있다는 것은 매우 안타까운 일이다.

현재 나와 있는 순창 금과들소리 관련 책자는 다음과 같다.

① 전주향토문화연구소 편(2004),『순창 구전민요집』, 순창: 순창군청.

② 이소라(2005),『순창의 민요』, 순창: 금과들소리보존회.

①은 전주향토문화연구소에서 순창군의 용역을 받아 조한 순창민요 조사 자료집으로, 총 2부로 구성되어, 제1부는 금과면 민요, 제2부는 금과면 이외의 다른 면들의 민요를 조사 기록해 놓고 있다. 이 순창민요 자료집은 순창지역 민요를 전반적으로 이해하는 데에는 많은 도움을 주는 책자이지만, 금과들소리에 관해서는 다만 금과들소리 가사들만 채록해 놓고 있기 때문에, 이 자료들만 가지고는 금과들소리에 관한 전체적인 종합정리가 전혀 불가능한 자료라는 점에서, 분명한 한계를 드러내고 있다. 이런 문제점을 극복하고 순창 금과들소리를 제대로 정리하기 위해서는 금과들소리와 관련된 모든 사항들을 전반적-체계적으로 종합 · 정리한 책자 발간이 시급한 실정이다.

②는 1987년대-2004년 사이에 채록한 순창지역 민요집으로, 금과들소리에 관해서는 금과들소리에 관한 간략한 해설[26]과 금과들소리를 채보한 악보 · 가사 및 관련 사진 7장[27]이 실려 있다. 이 책의 분량은 350여 쪽에 달하지만, 정작 순창 금과들소리에 한 것은 이상의 것뿐이다. 따라서, 이 책도 금과들소리에 관한 전반적-종합적인 내용들을 알기에는 태부족한 한계를 드러내고 있다.

이상에서 검토해본 바와 같이, 지금까지 발간된 순창 금과들소리에 관한

---

26 이소라(2005),『순창의 민요』, 순창: 금과들소리보존회, 33-44쪽.

27 앞의 책, 64쪽.

기존 책자들은 금과들소리의 가사와 채록 악보 및 그에 관한 간략한 해설 정보만을 제공해줄 뿐, 그 외의 다른 중요한 정보들은 거의 제공해주는 바가 없다. 이러한 한계를 극복하고 순창 금과들소리와 관련된 모든 주요 내용들을 전반적-종합적으로 정리한 책자의 발간과, 이를 위한 금과들소리 종합조사가 반드시 이루어져야만, 금과들소리의 바람직한 미래를 담보할 수 있는 상황에, 현재 금과들소리는 놓여 있다 하겠다.

둘째, 특히 금과들소리와 긴밀하게 관련되어 있는 금과들소리 관련 농악도 전혀 정리된 것이 없는 상태여서, 이에 관한 전문적인 종합-조사 정리도 반드시 필요한 실정이다. 농악은 들소리와 떼어놓을 수 없는 매우 중요한, 들소리의 일부이다. 들소리가 공연됨에 있어서 농악은 필수적으로 그에 따라야만 하기 때문이다. 따라서, 현 금과들소리의 온전한 전승과 보존을 위해서는, 반드시 이에 부수되었던 금과들소리 농악/풍물굿도 상세하게 조사 · 정리되어야만 한다. 현재 경연대회 연출 형태의 금과들소리 공연 동영상[28]을 보면, 본래의 두레노동 형태에서의 들소리와 이에 수반되는 농악인 들소리 '들풍장' 가락으로 되어 있지를 않고, 연출용 형태를 취하고 있어서, 이에 대한 본래 들풍장 형태로의 수정 · 보완이 반드시 필요하다.

셋째, 이에 따라, 학술적으로 제대로 고증-정리된 순창 금과들소리 음원 CD 및 공연 동영상의 제작도 반드시 필요하다. 현재 나와 있는 금과들소리 관련 음원 CD 및 동영상 자료들은 학술적인 고증과 정리가 제대로 이루어지지 못한 상태로 이루어진 것들이라서, 상당한 문제점드을 내포하고 있다.

우선 그 몇 가지 큰 문제점[29]만 보더라도, ① 물품기 · 모찌기 · 모심기 ·

28 순창농요 금과들소리보존회(2019), 『전라북도 무형문화재 제32호 순창농요 금과들소리』 동영상 자료 참조.

29 앞의 자료.

논매기 · 장원질 등의 논농사 현장에서의 촬영이 되지 않았다는 문제점,[30] ② 각 논농사 노래와 그에 수반되는 동작들이 서로 따로 놀고 맞지 않는다는 점,[31] ③금과들소리 본래의 노래 음색 · 창법으로 부르지 않고, 육자배기토리의 음색 · 창법 쪽으로 지나치게 윤색되었다는 점[32] 등이 큰 문제점으로 드러나고 있다. 그러나 이러한 점들은 이런 변화가 일어나기 전에 녹음된 음원들이 있기 때문에, 그 복원이 가능하다.

넷째, 따라서, 앞으로는 이런 여러 가지 문제점들을 바로잡기 위한 조치로서, 금과들소리에 관한 학술적 종합-조사, 체계적인 정리, 이에 근거한 종합 정리 책자의 발간, 그리고 이에 근거한 충실한 음원 CD의 제작, 공연 동영상 제작 등이 이루어져야만 한다.

다섯째, 이상의 일련의 연구작업들을 토대로 하여, 본 순창 금과들소리는 국가 무형문화재로 지정하는 절차를 다시 진행해 나아가야만 한다. 앞서 충분히 논의한 바와 같이, 순창 금과들소리는 충분히 그럴만한 가치와 민요사적 의의를 가지고 있기 때문이다.

---

30 이 문제점은 현재 논농사 현장의 변화에 기인하는 것이긴 하지만, 전형의 보존을 위해서는 그 현장을 복원한 상태에서의 촬영이 반드시 필요하다.

31 예컨대, 노래는 '물품기소리'를 하는데, 공연자 동작은 모심기 동작을 하고 있는 것, 논매기소리인 '방애타령'을 부르는데, 진짜 방아를 설치하고 방아찧기 동작을 하는 등의 어이없는 동작, 장원질소리인 '산아지타령'을 부르는데 이에 따르는 소타고 마을로 들어오는 장원질 공연 행위가 따르지 않는 점 등등이, 그 대표적인 치명적 사례들이다.

32 이 지역 들소리의 음색 · 창법은 동부-메나리토리 · 서도-경기 남부-경토리 · 남도-육자배기토리의 음색 · 창법이 두루 혼용되는 특징을 가진 지역성이 음악적 측면에서 매우 중요한 점인데, 이런 음악적 특성들을 모두 육재배기토리로 변경한으로써, 많은 문제점을 낳고 있다. 이 점도 앞으로 금과들소리의 올바른 전승을 위해서는 반드시 바로잡아야만할 점이다.

참고문헌

강등학(1997), 「전국 〈논매는소리〉 의 기본정보와 분석」, 『泮矯語文硏究』 8집, 반교어문학회, 43-122쪽.

강재욱(2011), 「전북지역 논매는소리의 분포와 토리 활용 양상」, 한양대 국악과 석사논문, 2011.

김대성(1995), 「땅밟기: 현장음악 연구 - 전북 익산민요 연구」, 『민족음악의 이해』 4권, 민족음악연구회, 355-421쪽.

김성식 · 유장영 외(1998), 『전북의 민요 마을』, 전주: 전북도립국악원.

김성식(2006), 「전북지역 논농사 민요연구」, 전북대학교 석사학위 논문.

김성식(2007), 「전북지역 논농사 민요 연구」, 『농업사연구』 6집, 한국농업사학회, 151-168쪽.

김익두(1989), 『전북의 민요』, 전주: 전북애향운동본부.

김익두 외(1990), 『전북의 노동요』, 전주: 전북대박물관.

김익두 외(1993), 『한국민요대전』(전라북도 편), 서울: 문화방송.

김익두(1996), 「한국민요의 전반적 성격과 지역적 특성」, 『국어국문학』 116집, 국어국문학회, 127-156쪽.

김익두(1997), 「한국민요에 반영된 삶의 의미」, 『역사민속학』 6호, 한국역사민속학회, 209-228쪽.

김익두(1998), 「한국민요의 시학과 정치학」, 『한국민속힉』 30집, 한국민속학회, 23-48쪽.

김익두(2008), 「전북민요의 '소용돌이 미학': 노동요를 중심으로」, 『한국민요학』22집, 한국민요학회, 17-27쪽.

김익두(2012), 『한국민요의 민족음악학적 연구: 전북민요의 경우』, 서울: 민속원.

김익두(2015), 「지역민요의 지속과 변이에 나타난 몇 가지 문제들과 그 현실적 가능성: 임군 '삼계농요'의 경우를 중심으로」, 한국민요학회 전국학술대회 자료집, 2015, 159-175쪽.

김익두(2013), 「민요 '산야/산유화'와 '판소리'의 '노장 산유화조' 및 '진양조'의 관계에 관하여, 『판소리 연구』 35집, 판소리학회, 2013, 57-76쪽.

김익두(2016), 「한국민요와 한국인의 정서: 전북 동부 산간지역 민요의 경우」, 『한국민요학』 48집, 한국민요학회, 107-132쪽.

김익두(2017), 「지역민요의 지속과 변이, 그리고 그 몇 가지 문제들과 현실적 가능성: 전북 임실 '삼계농요'의 경우」, 『한국민요학』 49집, 한국민요학회, 51-72쪽.

김월덕(2004), 「순창군 금과면 모정리 들노래의 지역적 특성과 문화적 전개」, 『구비문학연구』 19집, 한국구비문학회, 317-346쪽. [[최동현 편 (2005), 『판소리의 미학과 역사』, 서울: 민속원, 485-511쪽, 재수록].

김혜정(2001), 『남원지역 사람들의 삶과 노래』, 국립민속국악원, 2001.

김혜정(2019), 「전북 진안군 마령면 민요의 음악적 특징과 지리적 · 장르적 접변양상」, 『기전문화연구』 40집, 경인교육대학교 기전문화연구소, 103-123쪽.

노복순(1995), 「전북민요의 음악적 특성」, 『한국민요대전』, 서울: 문화방송, 30-35쪽.

나승만(1990), 「전남지역의 들노래 연구」, 전남대 박사논문.

손인애(2005), 「토속민요 배꽃타령계통 소리 연구」, 『한국민요학』 17집, 한국민요학회, 173-208쪽.

양옥경(2016), 「근래 문화재 관련 정책 동향과 '활용주의' 대두 현상에 관한 고찰, 『한국민요학』 47집,

한국민요학회, 2016, 97-136쪽.
유영수 외(2015), 중요무형문화재 제82-3호 위도띠뱃놀이 전승 · 보존 현황 및 방안 , 『한국무용연구』 33권2호, 2015, 185-214쪽.
이보형(2015), 임실군 삼계면 두월리 농요의 특성 , 『2015 한국민요학회 전국학술대회자료집』, 한국민요학회, 145-155쪽.
이소라(2005), 『순창의 민요』, 순창: 금과들소리보존회.
이영일(2000), 「전북 노동요 연구」, 전북대학교 석사논문.
이윤선(2009), 「전통문화유산의 지역문화 콘텐츠 활용에 대한 고찰 - 호남지역의 무형문화유산을 중심으로」, 『한국민속학』 49집, 민속학회, 333-378쪽.
임미선(2011), 전북민요에서 나타나는 경기, 동부민요적 음악현상 , 『정신문화연구』 제34권 2호, 한국학중앙연구원, 247-274쪽.
임실군 편(2018), 『임실의 소리, 말천방 들노래』, 임실: 임실군청.
전주향토문화연구소 편(2004), 『순창 구전민요집』, 순창: 순창군청, 139쪽.
허정주(2012), 「구비전승 조사 현장에서 나타나는 각종 '담론 구현의 판' 변화와 그 문제점에 관하여」, 『민속연구』 24집, 안동대 민속학연구소, 215-242쪽.
허정주(2014), 「한국 민요의 시대적 컨텍스트 변모에 따른 소리꾼의 변모 양상과 그 문제점: 전북민요의 경우」, 『민속연구』 28집, 안동대 민속학연구소, 191-219쪽.
허정주(2016), 「전북 김제농요 '외에밋들노래'의 지역적 위상과 가치」, 『한국민요학』 47집, 한국민요학회, 269-296쪽.
허정주(2017), 「전북민요의 지역적 특성과 무형문화재 지정문제: 전라북도 민요분야 무형문화재 지정을 위한 문제점 검토와 몇 가지 제언」, 『한국민요학』 49집, 249-278쪽.
허정주(2023), 「발트국가의 인류무형문화유산 '노래와 춤의 축전'을 통해서 본 한국 민요의 전승 방향」, 『한국민요학』 제68집, 한국민요학회, 63-94쪽.

순창 '금과 들소리'의 지역적 특성과 문화적 전개*

김월덕
전북대 국문과 강사

순창 '금과 들소리'의 지역적 특성과 문화적 전개

Ⅰ. 서언

삶의 직접적인 필요에 의해 생성된 노동요는 그만큼 그 노래를 산출한 공동체의 생활양식으로서의 문화적 특성을 잘 반영한다. 노동요의 생성 기반인 공동체 사회의 삶과 문화는 노래의 내용과 형식을 규정짓고, 노동요는 다시 공동체의 삶과 문화를 비추는 문화적 반성의 '거울'을 그 공동체 사회에 제공해 주어, 그 공동체의 삶과 문화를 창조적 방향으로 이끌어 주는 역할을 한다. 이처럼 민요와 그 민요를 창출해낸 공동체의 삶 혹은 문화의 관계는 상호 순환적인 흐름을 이루며 긴밀하게 관련된다. 민요와 그 민요를 생산한 공동체 문화와의 이런 긴밀한 상호관련성은 '미시적 관점'을 통해서 볼 때 더욱 면밀하게 드러날 수 있다.

---

* 이 논문은 필자의 다음 논문을 수정 보완한 것임을 밝혀둔다.
김월덕(2004), 「순창군 금과면 모정리 들노래의 지역적 특성과 문화적 전개」, 『구비문학연구』 19집, 한국구비문학회, 317-346쪽.

본고에서는 전북 동남부 산간분지 지역에 속하는 순창군 금과면 모정리 일대의 들노래[1]를 중심으로 공동체의 삶과 문화 속에서 노동요의 특성과 의미를 고찰하고, 또한 노동요를 통해 공동체의 삶과 문화의 의미와 가치를 찾아보고자 한다.

들노래는 대개 마을 공동체 단위로 전승이 이루어지지만, 그 지역 공동체의 삶과 문화 속에서 자유로울 수 없기 때문에, 모정리 들노래를 이 지역 공동체의 삶과 문화 속에서 이해하는 것은 중요한 과제 중의 하나라고 생각된다. 즉 '마을'이라는 소지역 단위의 들노래는 문화적 특성들을 공유하는 지역 공동체의 삶과 문화적 배경을 토대로 하여 마을 공동체 나름의 독자적인 음악문화를 창조해 나간다고 할 수 있다. 이러한 방향의 연구를 위하여 본고에서는 음악인류학적 관점과 방법에 입각하고자 한다.[2]

지금까지 이루어진 전북지역의 민요에 관한 대표적인 연구로는 김익두의 연구[3]가 있다. 이 연구는 전북민요를 5개 권역[4]으로 구분하고 각 권역별

1 본고는 2000는 11월 10일(전북대 국문과 학술조사), 2003년 1월 30일, 2004년 9월 3일-4일 세 차례에 걸쳐 현지 조사한 결과를 바탕으로 하였다.

2 본고에 음악인류학의 이론적 배경은 존 블래킹, 알란 로맥스, 알란 메리엄, 브루노 네틀 등의 견해를 바탕으로 삼으며, 이와 관련된 참고 문헌으로는 다음과 같은 것들을 참고하였다.
Blacking, John, *How Musical is Man?*, University of Washington Press, 1974.
Lomax, Alan, *Folk Song Style and Culture*(American Anthropologist for the Advancement of Science. Publication, no.88), Washington D.C. : Anthropologist, 1968.
Merriam, Alan P., *The Anthropology fo Music*, Evanston, Ill : Northwestern University Pres. reprinting, 1980(이기우 옮김, 『음악인류학 Ⅰ · Ⅱ』(학국문화사, 2001).
Nettl, Bruno, *The Study fo Ethnomusicology-Twenty-nine Issues anf Concepts*, University of Illinois Pres. 1983.
Nettl, Bruno, *The Western Impact on World Music-Change* Adaptation, and Survival, Schirmer Book. New York: A division of Macmillan, Inc. 1985.

3 김익두, 「전북민요의 전반적 성격과 지역적 특성」, 『국어국문학』 제116집, 국어국문학회, 1996, 127-156쪽; 김익두, 「한국민요에 반영된 삶의 의미 - 전북 동북부 산간지역의 田畜作勞動謠를 중심으로 한 민족음악학적 시론」, 『역사민속학』 6호, 한국역사민속학회, 1997, 210-228쪽; 김익두, 「민요의 시학과 정치학 - 전북지역 노동요의 공연학적/민족음악학적 해석」, 『한국민속학』 30집, 한국민속학회, 1998, 23-49쪽.

특성과 의미를 고찰한 후, 좀 더 범위를 좁혀 전북 동북부 산간지역의 밭일노래와 논일노래의 여러 가지 특성들을 민족음악학의 견지에서 논하였으며, 다시 이러한 논의를 전북지역 전체로 확대하면서 주로 동부 산간지역 민요와 서부 평야지역 민요를 비교하는 방법으로 전북민요의 의미를 민족음학학적 관점에서 해석하였다. 그러나, 전북 서부 평야지역과 동북부 산간지역의 경계지역인 동남부 산간분지 지역은 중간지역으로서의 특성이 분명히 존재함에도 불구하고 자세히 고찰되지 않았다.[5]

한편, 강등학은 전국 '농요권/민요권'을 설정하기 위해서 민요권 내부적 소통과 외부 민요의 파급 차단이라는 이원적 역학 작용 속에서 모심는 노래와 논매는 소리의 전국적 분포양상과 지역적 판도를 파악하였다.[6] 이 논의는 그동안 민요권에 대한 논의가 지역별로 이루어져온 한계를 극복하고자 '거시적 관점'에서 방대한 자료를 바탕으로 전국의 농요권 구분을 시도한 점에서 그 의의가 크다. 그러나, 확장과 방어의 이원적 논리로만 본다면 민요 전승집단이 외부의 노래를 수용하여 창조력으로 변용한 현상 곧 민요에서 가장 중요한 측면의 하나인 '변이variation'의 문제를 설명하기가 어렵게 된다. 민요는 창조적 변이성을 본질로 하는 장르이므로 민요권 구분에서도 이러한 점을 반드시 고려할 필요가 있다.[7]

---

4 김익두가 기후 및 자연 제약조건과 노동요의 특성을 근거로 하여 나눈 전북지역의 5개 민요권은 다음과 같다. 1) 동북부 산간 민요권(무주군, 장수군, 진안군, 완주군의 운주면, 남원시의 아영면 · 동면 · 산내면 · 운봉면), 2) 동남부 산간분지 민요권(임실군, 남원시의 아영면 · 동면 · 산내면을 제외한 전지역, 순창군), 3) 서북부 평야 민요권(익산시, 군산시, 완주군의 운주면을 제외한 전지역, 전주시, 김제시, 부안군), 4) 남서부 평야 민요권(정읍시, 고창군), 5) 서해 해안 도서 민요권(부안군에 딸린 위도 · 식도 · 왕등도와 군산시에 딸린 비안도 · 신시도 · 무녀도 · 선유도 · 장자도 · 방축도 등의 고군산열도).

5 이러한 한계들은 김익두의 그 이후의 연구들에서 극복되었다. 김익두, 『한국민요의 민족음악학적 연구: 전북민요의 경우』, 서울: 민속원, 2012.

6 강등학, 「〈모심는 소리〉와 〈논매는 소리〉의 전국적 판도 및 농요의 권역에 관한 연구」, 『한국민속학』 38집, 한국민속학회, 2003, 15-91쪽.

전국의 농요 권역을 구분하는 데에 따르는 문제들은 각 지역 노동요의 구체적 사례에 대한 '미시적 연구들'로 보완해 나갈 필요가 있다. 특정 지역 민요의 구체적 실상들을 분명하게 파악하는 연구가 뒷받침되어야 거시적 관점의 연구도 활력을 얻을 수 있다. 이처럼 거시적 관점과 미시적 관점의 연계 속에서 한국 민요연구의 종합적 지평이 열릴 수 있을 것이다.

본고에서 연구 대상으로 삼고자하는 순창군의 민요는 지형적으로나 그 지역의 문화적 특성으로나 서부 평야지역과 동부 산악지역의 중간에 있어서 어떤 독자적인 문화적 자질을 인정받지 못해왔다. 이 지역은 상호 이질적인 두 문화의 접촉 지점에서 생기는 특성들이 이 지역 문화의 '변별성'을 갖게 해준다는 점에서, 오히려 민요의 '접변지역'의 사례로서도 주목할 필요가 있다.

Ⅱ. 순창 금과지역의 자연 환경과 모정리의 인문적 배경

노동요의 지역적 차이에는 여러 가지 요인들이 작용한다. 그 차이는 자연환경, 인문환경, 그 공동체의 사회조직 및 계층구조, 생산노동의 관행, 가창의 시공간, 노동력의 운영방식, 성姓(gender)의 사회적 역할과 같은 민요 '외적 요인들'과 곡조, 가사, 창법, 가창방식, 음색, 악기 등의 민요 '내적 요인들'의 오랜 세월에 걸친 상호 영향 관계 속에서 형성된 것이다. 노동요와 같이 생업과 밀접하고 토착성이 강한 노래 장르는 이 가운데 특히 자연 및 인문 환경의 영향을 가장 직접적으로 받는다. 따라서 순창 금과지역의

7 본고에서 다루고자 하는 순창지역은 여러 민요권의 영향이 충돌하면서 공존하는 지역으로, 외부 노래의 수용과 그것의 창조적 변용이 활발하게 일어나는 곳이다.

자연 환경조건과 인문적 배경을 정리함으로써 모정리 들노래의 특징을 결정짓는 기초적인 요인에 대한 이해를 돕고자 한다.

순창군은 전북의 남부 중앙에 위치하며, 북서쪽은 섬진강 지류 주변에 발달한 분지가 형성되어 있고, 남동쪽은 섬진강 지류 주변에 발달한 분지가 형성되어 있어서, 두 지역이 서로 대조적인 지형을 이룬다. 인문지리적으로 보면 남쪽으로는 전라남도와 경계를 이루며, 전북 서부 평야지역과 동부 산간지역의 중간에 위치하고 있어서, 세 지역의 문화가 맞부딪치는 지역이기도 하다. 이 중에서 본고에서 다루고자 하는 지역인 순창군 서남단의 금과면은 북쪽으로는 순창읍과 팔덕면, 동쪽으로는 풍산면, 서남쪽으로는 전남 담양군과 경계를 이루고 있으며, 비산비야에 형성된 분지 지형에 자리잡고 있다. 따라서 농토는 정읍과 인접한 북서쪽의 산지 지역에 비하면 넓지만 서부 평야지역에 비하면 협소한 편이다. 금과면에는 큰 하천은 발달하지 않았으나 섬진강으로 합류하는 '사천'과 '월천'이 흐르고 있다.

금과면은 13개 법정리, 24개 행정리, 26개 자연마을로 구성되어 있다. 총 면적이 27.29평방미터, 이 중 논이 6.47평방, 밭이 3.38평방을 차지하며, 과수원이 0.02평방, 대지 0.54평방, 임야 13.68평방, 기타 3.2평방으로 이루어져 있다.[8] 경지면적 가운데 논밭의 구성비만 보면 6.5:3.5를 보이는데, 이는 전라북도 전체의 평균적 논밭 구성비인 7.1:2.9에 비해 답작畓作 비율이 낮은 편이기는 하지만, 답작 비율이 가장 낮은 동부 산간지역과 비교하면 논농사가 중심을 이루고 밭농사도 상당한 비중을 차지한다고 할 수 있다.[9]

이러한 자연환경 조건의 제약으로 인해 노동요의 종류도 논일노래가 중

---

8 금과면 제공 '금과면 기본현황'.

9 전라북도에서 답작 비율이 가장 낮은 지역은 무주군으로 논밭 구성비가 4.8:5.2이며, 그 다음 낮은 곳은 진안군으로 5.7:4.3이다. 전라북도, 『전라북도지』, 1989, 54쪽.

심을 이루되 밭일노래도 일부 나타난다. 자연환경은 노동요의 양상에 기본적인 제약조건으로 작용한다. 즉 이러한 환경조건으로 인해 금과면에서는 동부 산간지역에서처럼 밭일노래와 논일노래가 대등한 발달을 보이거나 서부 평야 민요권에서처럼 논일노래가 월등이 우세한 것이 아니라, 논일노래가 중심을 이루면서 밭일노래도 부수적으로 어느 정도 불리는, 노동요상에서의 '답주전종畓主田縱'의 양상을 보인다.

금과면 들노래가 전승되고 있는 모정리는 중모마을 · 외모마을 · 신모마을 세 개의 자연마을로 이루어져 있다. 그래서 '삼모정'이라고 일컫기도 하는데, 금과면 소재지가 있는 중모마을을 가운데 두고 북서쪽에 담양으로 연결되는 국도변에 외모마을이 있고, 남동쪽에 남계리와 일목리로 이어지는 길목에 신모마을이 있다. 이 '삼모정' 마을은 고려시대에는 '마암'이라 했고, 조선시대에는 '삼매우'라고 하였다. '마암'은 마을 안에 있는 바위가 돌면 인재가 난다는 전설에서 유래한 것이고, '매우'는 이곳이 풍수적으로 매화꽃이 떨어진 형국[梅花落地]이라서 붙여진 이름이라고 한다. 외모는 중모의 서쪽에 있는 삼외당이라는 정자 바깥쪽에 있다고 해서 '밧매우(바깥매우)', 중모는 '큰매우', 신모는 맨 나중에 생긴 마을이라서 '새터매우'라고 각각 불렸다. '모정茅亭'은 1914년 일제의 행정구역 개편 때 붙여진 이름이다.

이 외모 · 중모 · 신모는 각각 마을의 형성, 역사, 문화의 측면에서 독립성을 가진 마을들이다. 외모는 300여 년 전 광산김씨와 증산안씨가 터를 잡았으며 한때 1백 호가 되는 큰 마을을 이루었으나 현재는 29호 정도가 거주하고 있다. 중모는 삼모정 중에서 가장 오래된 마을로서 고려 초에 순창설씨가 터를 잡았고, 조선 초기에는 남양홍씨가 정착하여 오늘에 이르고 있으며, 현재는 30여 호가 거주하고 있다. 신모는 가장 늦게 형성된 마을로 남양홍씨가 이루고 현재 20여 호가 거주한다.[10]

외모 · 중모 · 신모는 각각 독립성을 가진 자연마을이면서도 서로 공유

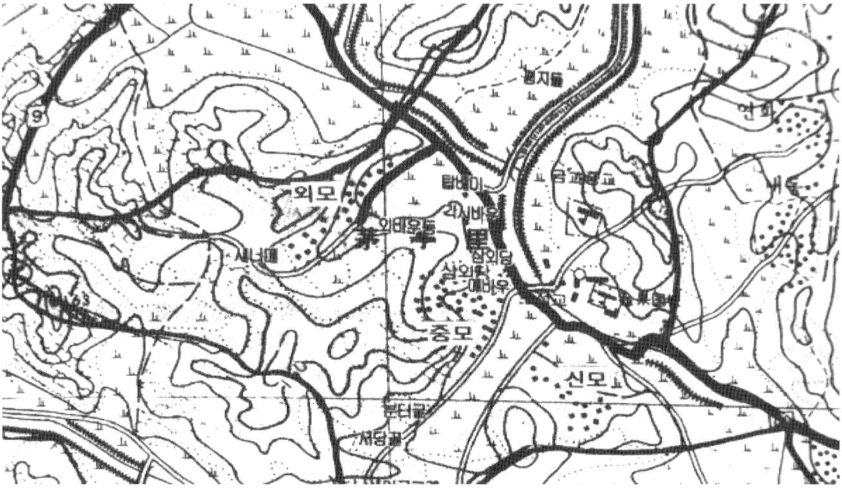

〈순창군 금과면 모정리 지형도〉

하는 부분도 갖고 있다. 특히 이 세 마을은 ‘한 들 농사’를 짓는다는 점에서 긴밀한 상호관계를 맺고 있다. 금과면의 논들은 경지 정리가 이루어지기 전에는 삿갓 하나를 엎어놓으면 논배미가 안 보일 정도로 작고 구불구불해서 ‘삿갓다랑지’[11]라고 불렀다고 한다.

그러나 그 중에는 비교적 넓은 들도 있었는데, 모정리의 세 마을이 함께 농사를 지었던 넓은 들로는 위의 지형도에 보이는 ‘평지들’과, 신모마을 아래 ‘달파지기들(대장마을 앞들)’이 있다. 넓은 들판을 농경지로 공유하는 평야지역에서는 마을들 간의 상호 독립적이면서 배타적인데 반해,[12] 평야지

---

10 양상화, 『순창향지(지명고)』, 향지사, 2003, 615쪽.

11 ‘다랑지’는 다랑이의 방언으로 산골짜기 같은 곳에 층층으로 된 좁고 작은 논배미를 말한다.

12 평야지역에서는 두 마을이 공유하는 들판에서 두 마을의 두레패가 부딪혔을 때 자기 마을의 자존심을 걸고 두레싸움이 종종 일어났던 것에서도 그런 특성이 드러난다.

역에 비해 상대적으로 농토가 협소한 금과에서는 마을들 간의 관계가 어느 정도 독립적이면서도 배타성보다는 협동성이 더 두드러진다.

Ⅲ. 순창 금과면 모정리의 노동관행과 노동요의 상관성

한 들 농사를 짓는 외모 · 중모 · 신모 마을 세 마을은 기계화 이전의 노동관행도 서로 비슷했다.[13] 주요 생산 노동이 구체적으로 어떤 관행으로 이루어지는가 하는 것은 노동요의 양상에도 영향을 미친다.[14] 어떠한 환경에서 어떤 성격의 일꾼들이 얼마나 많이 참여하여 어떤 속성의 노동을 어느 정도의 강도로 실행하는가 하는 생산노동의 관습과 노동력의 운영방식은 노동요의 양상을 변화시키는 중요한 요인들이다.

밭매기는 분산된 소단위 노동력으로도 가능하지만, 논매기는 가장 더운 철에 대단위 노동력을 집약적으로 필요로 하는 고된 작업이다. 논매기 작업의 이러한 특성 때문에 논일의 비중이 가장 큰 전북 서부 평야지역에서는 동일한 조건의 노동력을 좀 더 효율적으로 사용할 수 있는 두레와 같은 공동노동 운영조직을 논매기에 활용하였다. 논매기에 두레를 적극 활용하는 전

13 본 장에서 언급하는 조사 내용은 2000년 11월 10일, 2003년 1월 30일, 2004년 9월 3-4일 세 차례에 걸쳐 현지 조사한 결과이다. 앞의 두 조사에서 미진했던 내용을 세 번째 조사에서 자세히 보완할 수 있었다. 세 번째 조사에서는 먼저 개별적으로 제보자를 만난 후, 저녁에 보존회관에서 제보자들이 모두 모인 자리에서 들노래 가창과 함께 다시 조사하였다. 주요 제보자는 다음과 같다. 홍원표(남, 1935년생, 중모마을 거주), 홍창표(남, 1928년생, 중모마을 거주), 이정호(1040년생, 신모마을 거주), 김영조(남, 1922년생, 외모마을 거주), 김봉호(남, 1935년생, 대성리 거주), 김학원(남, 1936년생, 방성리 거주), 윤경순(여, 1937년생, 동전마을 거주), 제보자들은 주로 노인회 구성원들이자 금과들소리 보존회 회원들이었다.

14 Alan Lomax, *Folk Song Style and Culture*, American Anthropologist for the Advancement Publication, no. 88, Washington D.C. : American Anthropologist, 1968, pp.6-8.

북 평야지역에는 대개 풍물반주가 동원되고 논매는 소리를 '선후창'으로 부른다.[15] 선후창은 다수의 뒷소리꾼들이 가사를 만들어내는 번거로움 없이 일정한 후렴을 부르면서 집단적 노동력을 결집해 나갈 수 있도록 하기 때문에 대규모의 집약적 노동에 효율적인 가창방식이다. 따라서, 서부 평야지역에서 발달한 두레노동은 넓은 농토에서의 대단위 노동력을 충당하기 위한 효과적인 노동력 운영방식이고, 여기에 '두레풍장'과 '선후창'으로 부르는 논매는 소리는 일과 놀이를 합일시켜 노동의 상승효과를 가져다준 것이다.

동북부 산간지역의 가창방식인 '교환창'은 산간의 비좁은 농토에서 소단위 일꾼들이 서로 대등하고 긴밀한 상호관계로 호흡을 맞추어 일하기에 적합하게 되어 있어서[16] 동북부 산간지역에서는 두레와 같은 노동력 운영조직에 대한 필요가 덜 하다고 할 수 있다.

서부 평야지역과 동부 산간지역의 중간 지역인 순창군의 노동 관행에서는 평야지역에 널리 분포하는 두레가 발달하지 않았으며, 대개 협동 노동은 품앗이로 하였다.[17] 즉, 서로 품을 교환하거나 품삯을 내서 일꾼을 사오는 식으로 집약적 공동노동의 노동력을 확보하였다. 품앗이는 마을단위로 이루어지되, 이웃마을까지 품을 교환하는 경우도 있었다. 순창지역은 평야지역에 비해 농토가 협소하기 때문에 두레를 동원하여 대규모의 노동력을 투입하지 않고 품앗이로도 김매기 노동력을 충원할 수 있었던 것이다.

모심기는 대개 하지 전 닷새와 후 닷새가 적기였다고 한다. 모심을 때는 최대로 20여 명의 일꾼들이 아침 일찍 7시경 그 날 모를 심을 일터에서 모여

---

15 김익두, 앞의 논문(1966), 150-151쪽.

16 김익두, 앞의 논문(1997), 144-145쪽.

17 모정리의 노동관행에 품앗이 외에 논 임자에게서 미리 쌀을 받아먹고 한 마지기 농토의 모심기와 김매기 3번의 놉을 대주는 '고지'가 있었다. 대개 논 한 마지기에 쌀 한 말을 받는 것이 보통이었는데 이 관행은 해방 후 1950년대까지 있었다.

서 일을 시작한다. 먼저 모를 찌고 나서 아침 '샛거리'를 먹고, 10시경부터 모를 심기 시작하여, 점심 먹고 오후 새참 먹는 시간 외에는 긴 휴식 없이 모를 심었다. 일의 분량은 일꾼 한 사람이 한 마지기 정도의 모를 심었다. 모심기는 일정한 시기를 놓치면 모를 심지 못할 수 있기 때문에 이른 아침부터 밤늦게까지 일을 하는 경우도 있었다. 모정리에서는 모심기에는 풍물이 따르지 않았고, 작은 논에서는 대개 노래를 하지 않았으며, 큰 논에서 모를 심을 때 모심는 소리인 '상사소리'를 하였다.

모심기와 달리 논매기는 여러 날에 걸쳐서 이루어졌다. 모정리에서 논매기는 총 네 번 하였는데, 모심은 지 20일 만에 호미로 잡초를 파 엎은 후, 호미로 맨지 열흘만에 손으로 한 벌 매기를 한다, 그리고 한 벌 맨지 열흘 후에 손으로 '군벌매기'를 하고, 다시 열흘 후네 마지막 김매기인 '만드리'를 한다. 순창지역에서는 보통 두벌 또는 많으면 세벌을 맸는데, 모정리의 논매기 횟수는 서부 평야지역과 비슷하다.

논매기 때 시간의 경과에 따라 작업하는 양과 논매는 소리의 분포는 다음과 같이 나타낼 수 있다.

〈도표 1〉 논매는 소리 기간대별 분포도

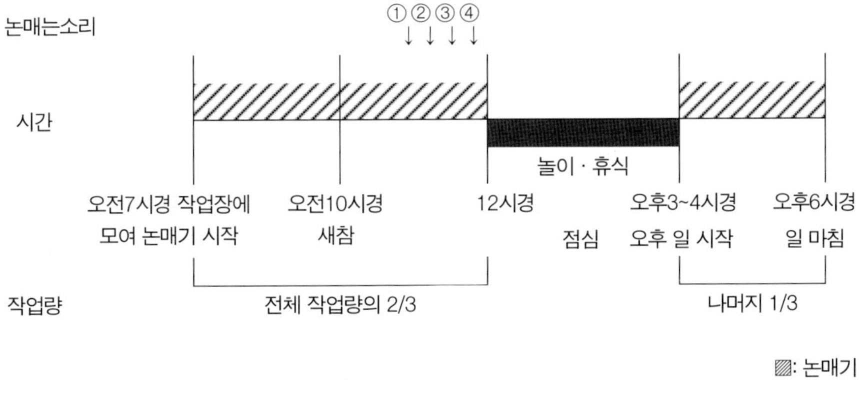

모정리에서는 아침 7시경 그 날 작업할 일터에서 일꾼들이 만나서 논매기를 시작한다. 큰 논을 맬 때는 20-30명의 일꾼들이 모이며, 한 사람이 한 마지기의 논을 감당한다. 10시경에 오전 새참을 먹는데 새참과 막걸리를 먹은 다음 논맬 때부터 노래를 부르기 시작하여 점심 먹을 때까지 노래를 하며, 논매는 소리가 다양하게 '분화'되어 있다. 논매는 소리는 ① 〈문열가〉로 시작하여 ② 〈연꽃타령〉, 〈담서름타령〉, 〈오호타령〉, 〈방애타령〉을 부르는데, 〈방애타령〉은 점심 때가 가까워질 때 부르게 되므로, 이 소리를 할 때는 모두가 점심 때가 되었음을 알게 된다. 이렇게 점심 때가 가까워오면 김매기를 어서 끝내자는 뜻으로 ③ 〈오헤소리〉와 〈사호소리〉를 부르면서 일을 마무리한다. 이렇게 해서 오전 중에 그 날 해야 할 작업량의 3분의 2 이상을 마친다.

논매기가 이렇게 진행된 후, 논매기의 끝인 만두레 때가 되면, 소등에다가 논임자를 태우거나 상일꾼을 태우고 장원질소리인 ④ 〈산아지타령〉을 부르면서 마을로 들어오는데, 이때는 간단한 풍물이 따른다. 마을로 돌아와서는 논임자의 집에 가서 점심을 먹는다. 그리고 주인집에서 내는 막걸리와 닭죽을 먹으면서 춤추고 놀다가 곧바로 일하러 가지 않고 낮잠을 자거나 휴식을 취한 다음, 오후 3시-4시경이 되어서야 다시 일을 시작한다. 오후에는 새참이나 휴식 없이 노래도 거의 부르지 않으며 6시경까지 나머지 분량의 일을 끝마친다.

이와 같은 방식은 두레노동으로 김매기를 하는 평야지역과 대조를 보인다. 예컨대, 군산시 대야면 죽산리 탑동에서는 약 100여 호가 거주했던 해방 이전에 20-30명으로 이루어진 두레패를 3개 정도 구성하여 두레지심을 맸다.[18] 탑동에서는 한 사람이 하루에 두 마지기의 논을 감당하며, 오전 일과 오후 일을 거의 비슷하게 분배했다. 탑동에서는 오전 7시경에 두레꾼들이 마을기와 풍물패를 수반하고 들에 나가서 일을 하다가 9시나 9시 30분경 오전 새참과 막걸리를 먹고 들노래를 부르기 시작한다. 오전 일을 마치고 일꾼들은 각자 자기 집에서 점심을 먹은 후 낮잠을 자거나 휴식을 취한다. 그리고 2시경부터 오후 일을 시작하는데 오후 4시경 오후 새참과 막걸리를 먹고 들노래를 부르면서 일을 하다가 해질 녘에 하루 일을 마친다.

모정리 마을의 경우와 비교할 때 탑동 논매기의 노동의 강도가 훨씬 센 것을 알 수 있다.[19] 모정리에서는 평야지역에 비해 상대적으로 농토가 협소하기 때문에 두레를 동원하지 않고 품앗이로 김매기를 할 수 있었고, 하루에 감당해야 할 전체 작업량의 비중이 많은 오전 중에 노동요를 배치함으로써 환경조건과 노동조건에 적합한 방법으로 김매기 노동의 효율적인 성과를 얻을 수 있었다.

Ⅳ. 순창지역의 음악문화와 모정 들노래의 곡조 및 가창방식의 특징

모정리에 전승되는 노동요는 물품는 소리, 모찌는 소리, 모심는 소리, 논매는 소리, 장원질 소리 등이다.[20] 전북 동남부 산간 분지지역에 속하는 순창군의 중심 생산노동은 논일이 주가 되고 밭일이 종이 되는 '답주전종'의

18 제보자는 군산시 대야면 죽산리 탑동 고상락(남, 1918-)옹이다. 2004년 8월 23일 조사.

19 모정리 마을 분들의 제보에 의하면, 해방 이전까지만 해도 금과에서는 한 집에서 20마지기를 지으면 농사를 많이 짓는 셈이었다 하고, 탑동에서는 한 집에서 20마지기 짓는 것이 보통이었고, 좀 많이 짓는 사람은 50마지기 이상을 지었다고 한다.

20 모정리에서는 1971년 통일벼가 보급될 무렵까지 들노래가 노동의 현장에서 불렸다고 한다. 통일벼 보급 이후로 이앙기가 나오면서 영농이 기계화되고 제초제 사용이 확산되어 들노래가 점차 불리지 않게 되었다. 다른 지역에 비해서 모정리에서는 비교적 늦게까지 노동 현장에서 들노래가 전승되고 있었던 것 같다.

양상을 띠고 있음을 앞서 지적하였다. 따라서 이 지역의 노동요도 논일노래 위주로 되어 있고, 논일노래 가운데서 '논매는 소리'가 중심을 이루고 있다.

들노래는 논농사 지역의 기층 음악문화를 형성하는 중요한 요소 가운데 하나이다. 따라서 순창지역의 음악문화 속에서 모정리의 음악문화를 이해하기 위해서는 이 지역의 들노래를 중시하며 다룰 필요가 있다. 이런 시각에서 곡조와 가창방식 면에서 논매는 소리를 중심으로 모정 들노래의 특징을 살펴보고자 한다.

우선 모정리의 모심는 소리인 '상사소리'는 전라도 평야지역에 널리 분포하는 상사소리와 곡조나 가창방식 면에서 크게 다르지 않은 반면, 논매는 소리는 노래가 여러 곡으로 분화되어 있다. 순창지역과 인근 지역의 논매는 소리의 분화양상은 다음에 제시한 표에서 보는 바와 같다.[21]

〈도표 2〉 순창지역 논매는 소리의 분화 양상

마을 \ 가창 시점	논매기 시작	논매기 중간	논매기 마무리
순창군 순창읍 가남리 가잠	〈문열가〉*	〈그물타령〉* - 〈오동동추야〉*	
순창군 유등면 건곡리 학촌	〈문열가〉*	〈그물타령〉* - 〈꽃방타령〉* - 〈아래타령〉* - 〈흥글타령〉*	〈효오타령〉*
순창군 금과면 모정리	〈문열가〉****	〈연꽃타령〉* - 〈담담서름타령〉*** - 〈오호타령〉** - 〈방애타령〉***	〈오헤소리〉*** - 〈사허소리〉***
순창군 팔덕면 월곡리 내월 · 외월	〈문열개〉*	〈꺼끄렁염불〉* - 〈두목지기〉* - 〈방아타령〉**	〈진사허소리〉*** - 〈잘룬 사허소리〉***
임실군 삼계면 두월리	〈문열가〉 또는 〈이슬털이〉**	〈방아타령〉** - 〈연개타령〉** - 〈사랑가〉**	〈어휘싸오〉**
남원시 대강면 평촌리	〈이슬털이〉*	〈그물가〉*	〈사호소리〉*

*=두패 교환창, **=두패 선후창, ***=선후창, ****=복창

21 이 자료는 문화방송의 『한국민요대전』(전라북도 편, 1995), 전북도립국악원에서 발간한 『전북의 민요마을』(김성식 외, 1998) 및 필자 조사에 의한 것임.

앞에서 언급한 바 있듯이, 순창지역의 1) 동북쪽은 전북의 동북부 산간지역과 인접하고 있고, 2) 남쪽은 전남과 인접하고 있으며, 3)서북쪽은 전북의 평야지역과 인접하고 있다. 전북지역 내에서 보자면 이 지역은, 여러 가지 면에서 서로 차이가 뚜렷한 서부 평야지역과 동북부 산간지역 중간에 위치하고 있어서, 양 지역의 다양한 문화가 공존하면서 충돌하는 '문화접변' 지역이라고 할 수 있다. 이러한 문화 '접변성'은 이 지역 노동요의 내적인 양상의 주요한 변화요인으로 작동한다.

곡조 면에서는 동북부 산간지역보다는 다양하고, 서부 평야지역보다는 단조롭다.[22] 순창지역의 노동요는 전북의 다른 지역에 비해 음폭이 넓고 음이 다양하게 출현하며, 후렴구의 선율이 다양하게 나타난다.[23] 선법은 메나리토리, 경토리, 육자배기토리가 공존하면서[24] 전반적으로는 육자배기토리가 지배하고 있다. 순창지역은 음악적으로는 육자배기토리권과 메나리토리권이 가장 격렬하게 부딪치는 곳이자, 동북부의 메나리토리가 세력을 잃으면서 전남지역으로부터 육자배기토리가 강력하게 밀고 올라오는 형세이기 때문에, 여러 물줄기가 합쳐지는 곳에서 소용돌이가 거세게 일어나는 것처럼 거기서 여러 변화가 일어나는 매우 특이한 지역이다.[25]

'금과 들소리'를 중심으로 보면, 순창의 서남단에 위치한 이곳에 와서는 메나리토리가 매우 약화되고, 전남 쪽에서 밀고 올라온 문화의 영향을 더 많이 받아 육자배기토리의 선후창 모심는 소리(〈상사소리〉)와 논매는 소리

---

22 김익두, 앞의 논문(1996), 147쪽.

23 노복순, 「전북 민요의 음악적 특성」, 『한국민요대전 전라북도민요해설집』, 문화방송, 1995, 32-33쪽.

24 순창군, 『순창 농요 금과 들소리 고증 보고서』, 2004.

25 전북민요의 이러한 현상을 김익두(2012)는 '소용돌이의 미학'이라는 용어로 정리한 바 있다. 김익두, 앞의 책(2012), 149-166쪽.

(〈사허소리〉)와 장원질소리(〈산아지타령〉)가 나타나며, 동부 산간분지지역의 특징인 경토리의 논매는 소리(〈문열가〉, 〈연꽃타령〉, 〈담담서름타령〉, 〈오호타령〉, 〈방애타령〉)가 다양한 가창방식으로 불린다.[26] 특히, 이 지역의 경토리 논매는 소리들은 넓은 음역을 목소리와 뱃소리를 동시에 사용하여 통성으로 내어지르는 창법을 구사함으로써, 경쾌하고 남성적인 환달한 분위기를 만들어낸다. 이처럼, 순창지역의 들노래는 메나리토리권과 육자배기토리권 어느 쪽으로도 동화되지 않고 나름의 다양한 독자성을 새롭게 창출해냈다.

다음으로 가창방식에서 나타나는 특징을 보면, 먼저 가장 두드러진 점은 다양한 가창방식으로 노래를 한다는 점이다. 위의 〈도표 2〉에 제시한 바와 같이, 선후창과 복창, 두패 교환창, 두패 선후창이 다양하게 나타난다. 모정리에서는 이러한 가창방식을 융통성 있게 선택하여 불렀다. 일꾼의 수가 많고 적음에 따라, 그리고 일하는 방식에 따라 가창방식을 달리 하였던 것이다. 예컨대, '연꽃타령'은 일꾼들의 규모에 따라 노래패의 구성에 변화를 주어 가창되었다. 논매는 일꾼들이 열댓 명일 때는 한 사람의 앞소리꾼이 사설과 후렴구로 이루어진 한 소절을 메기고, 여러 명의 일꾼들이 같은 소리를 되받아 부르는 복창 방식으로 불렀다. 앞소리꾼은 논의 가장자리 양쪽 끝에서 논을 매며 작업을 지휘하는 역할을 하는 '베루잡이'가 맡아했다. 그리고 일꾼들이 20-30명 이상으로 많을 때에는 두 패로 나뉘어 사설과 후렴구로 이루어진 소리들을 복창 방식으로 불렀다고 한다.[27] 이 때 일꾼들의 구성은 곧 노래패의 구성과 일치한다. 즉 일꾼들이 두 패로 나뉘어 앞뒤로 서고, 앞패가 노래할 때 뒤패는 김을 매고, 앞패가 김을 맬 때는 뒤패가 노래

26 순창군, 앞의 보고서.

27 이정호 및 모정리 주민들의 증언.

를 하는 식이었다.

일꾼이 적을 때

앞소리꾼(1명): 연꽃 연꼬오옷이이일레 광주 경향에나 방죽에나 연꽃 이이일레
얼씨구나 정저리싸 절시구나 정저리싸 음 나니나 좋을씨고
뒷소리꾼(여럿): 연꽃 연꼬오옷이이일레 광주 경향에나 방죽에나 연꽃 이이일레
얼씨구나 정저리싸 절시구나 정저리싸 음 나니나 좋을씨고
앞소리꾼(1명): 활 잘 쏜다 활 자아알 쏘온다 전주 한량들이 한량들이 활 잘 쏘온다
얼씨구나 정저리싸 절시구나 정저리싸 음 나니나 좋을씨고
뒷소리꾼(여럿): 활 잘 쏜다 활 자아알 쏘온다 전주 한량들이 한량들이 활 잘 쏘온다
얼씨구나 정저리싸 절시구나 정저리싸 음 나니나 좋을씨고

일꾼이 많을 때

앞패(여럿): 연꽃 연꼬오옷이이일레 광주 경향에나 방죽에나 연꽃 이이일레
얼씨구나 정저리싸 절시구나 정저리싸 음 나니나 좋을씨고
뒤패(여럿): 연꽃 연꼬오옷이이일레 광주 경향에나 방죽에나 연꽃 이이일레
얼씨구나 정저리싸 절시구나 정저리싸 음 나니나 좋을씨고
앞패(여럿): 활 잘 쏜다 활 자아알 쏘온다 전주 한량들이 한량들이 활 잘 쏘온다
얼씨구나 정저리싸 절시구나 정저리싸 음 나니나 좋을씨고
뒤패(여럿): 활 잘 쏜다 활 자아알 쏘온다 전주 한량들이 한량들이 활 잘 쏘온다
얼씨구나 정저리싸 절시구나 정저리싸 음 나니나 좋을씨고

'금과 들소리'에서 논매는 소리의 첫소리인 〈문열가〉도 가창방식은 〈연꽃타령〉과 같은데. 문열가에는 후렴이 없다. 또한 김매는 소리인 〈오호타

령〉도 선후창으로 부르며 실제 작업하는 일꾼의 수에 따라서 두패 선후창[28]으로 부를 수도 있다. 나머지 김매는 소리 〈담담서름타령〉, 〈방애타령〉, 〈오헤소리〉, 〈사허소리〉와 장원질소리인 〈산아지타령〉은 모두 선후창으로만 부른다.

순창지역 들노래의 가창방식에서 보이는 뚜렷한 특징 중의 하나는, 전북의 다른 지역과는 달리 선후창과 복창, 제창, 두패 교환창, 두패 선후창 등이 혼재하고 있다는 점이다.[29] 전북 동북부 산간지역의 지배적인 노동요 가창방식이 1:1 교환창이고, 서부 평야지역의 지배적인 가창방식이 한 사람의 주요 선창자가 앞소리를 매기고 나머지 노래패들이 일정한 후렴을 계속해서 반복해 부르는 선후창이라면, 순창지역에서는 전북 동북부 산간지역의 1:1 교환창은 거의 완전히 사라지고, 선후창, 두패 교환창, 선입후제창, 복창 등의 가창방식이 두루 나타난다.

모정리 들소리는 앞소리꾼에 의지하는 선후창 방식을 기본으로 하되, 복창 · 두패교환창 · 두패 선후창 등 다양한 가창방식이 상황에 따라 유연하게 선택되었다. 두 패가 번갈아 한 소절씩 부르는 두패 교환창은, 여러 사람이 매번 노랫말을 바꾸어 동시에 노래 부르는 일이 실질적으로 불가능함으로 어떤 한 사람이 사설의 첫머리를 내놓는 역할을 하고 나머지 사람들이 바로 이어서 부르는 형식을 취하게 된다. 따라서 두패 교환창에서 각각의 노래패가 행하는 가창방식은 '선입후제창先入後齊唱'이라고 할 수 있다. 순창지역에서 이러한 방식으로 노래할 때 선입부분은 한두 음절에서 한 어절 정도이며, 대개 두 어절을 넘지 않는다. 금과면 인접지역인 순창 가남리 가잠마을의 논매는 소리인 〈그물타령〉에서도 그러한 특성을 볼 수 있다.

---

28 한 쪽 패는 계속 앞소리 사설을 하고, 다른 쪽 패는 계속 뒷소리 후렴을 하는 가창방식.

29 앞의 〈도표 2〉 참조.

노래패(가)

선입: 그물을 매-

제창: 에자 그물을 짓자 하하

　　당사실로나 그물을 맺자 하하

　　당 사 시이일 시이일 실로나 그 에헤에 그물을 맺자

노래패(나)

선입: 그물을 치-

제창: 이자 그물을 치자 그물을 치자 하하

　　영광 법성에 그물을 치자 하하

　　영 광 버어업 버어업 법성에 그 그 헤헤헤 그물을 치자

노래패(가)

선입: 돈 실로-

제창: 가세 돈을 실로 가세 헤헤

　　영광 법성에 돈을 실러 가자 하하

　　영 광 버어업 버어업 법성에 도 에헤헤 돈 실러 가세

노래패(나)

선입: 돈 받어-

제창: 가소 돈을 받아 가소 호호

　　한량 봉학하 돈을 받어 가소 호호

　　한 량 보오옹 보오옹 봉학아 도 에헤헤 돈 받어 가소

모정리 들노래에서도 논매는 소리를 두패 교환창으로 할 경우 이와 같은 '선입후제창' 방식이 되었겠지만, 현재는 수차례의 공연을 하면서 고정된 레퍼토리가 있기 때문에 선입 부분이 거의 나타나지 않고 두 노래패의 제창이 자연스럽게 이어진다. 이처럼 두 패가 서로 노랫말을 주고받는 가창방식은 노래 전승 공동체 전체가 사설과 곡조를 충분히 익혀 공유하고 있을 때 자연스러운 가창방식이다. 이러한 가창방식이 갖는 결집력은 그 공동체 구성원들의 긴밀한 결속 관계에서 나오는 것이라 할 수 있다.

이상에서 순창지역 노동요의 가창방식이 매우 다양하게 나타나는 것을 알 수 있었다. 이 지역에서 보이는 이러한 가창방식의 다양성은, 전북 동북쪽으로부터 밀고 내려오는 메나리토리의 교환창 형식의 영향과 전북 서남쪽으로부터 밀고 올라오는 육자배기토리의 선후창 형식의 영향을 이 지역 노래 공동체 사회 구성원들이 자기들 나름대로의 안목과 체험의 '체'를 통해 선택하고 받아들이고 재창조하고 전승하는 과정에서 창의적으로 이루어낸 문화적 독창성에서 비롯된 것이다.

이상에서 고찰해본 음색 및 창법 상에서 나타나는 혼합 현상과 다양한 가창방식의 특이성은, 이 지역의 민요 전승 주체들이 자신들의 음악 문화의 바탕 위에다 인접 지역의 문화적 여러 요인들을 받아들여 독자적인 방식으로 통합한 결과로 보인다. 들소리가 논농사 중심 지역 기층사회의 음악문화를 형성하는 중요한 요소임을 상기한다면, 이러한 다양한 특징들이 이 지역의 음악문화에 영향을 주었을 것임은 쉽게 추론할 수 있다.

이 지역의 기층문화로서의 호남 세습무의 무계적巫係的 토대와 들노래의 전통은 순창에서 판소리의 양대 유파인 동편제 소리와 서편제 소리가 동시에 발생하도록 하는 바탕으로도 작동한 것으로 여겨진다.[30] 후대까지 서편제 소리가 계속 전승되지 못하고, 동편제 소리의 고장이 되기는 했지만, 지향점이 다른 판소리의 양대 유파의 소리가 한 지역에서 발생하고 자란 것은 이와 같은 순창의 기층의 복합적인 문화 전통 속에서 가능한 일이었다고 해석할 수 있다.

모정리 '금과 들소리'의 선법은 판소리 우조 및 계면조와 상통하는 경토리 및 육자배기토리가 조화를 이루고 있다. 이 지역의 노동요를 특정짓는 경토리 논매는 소리의 음악 어법은 판소리 우조의 특성과 유사하다. 이 지역의 경토리 논매는 소리의 음악 어법과 비슷하게, 동편제 판소리의 음악 어법도 음폭이 넓으며, 템포가 비교적 빠르게, 잔가락 없이, 끝을 졸라매면서 목으로 막 우겨 자치는 소리이며, 마치 그물코가 큰 그물로 고기를 잡는 것과 같이 고졸한 맛이 있다고 한다.[31] 이 지역 기층음악의 그러한 전통 속에서 동편제 소리 광대들이 두루 출현하여 동편제 판소리의 전승지역이 되었으리라는 해석도 가능할 것이다.

V. 전승환경의 변화와 노동요의 새로운 지향

영농이 기계화된 오늘날, 모정리 들노래는 더 이상 사람들이 모심고 논매는 노동의 현장에서는 불려지지 않는다. 들노래의 본래 전승 현장이 사라졌음에도 모정리 들소리가 전승될 수 있는 것은, 인적 기반 위에 물질적 기반과 정신적 기반이 갖추어져 있기 때문이다.

이 모정리 들소리가 외부에 처음 알려진 계기는 1998년 순창군민의 날 행사에 금과면 노인회에서 금과면을 대표하여 농요로 출전한 것이었다. 신

---

30 순창은 동편제 판소리 명창인 김세종, 장자백, 장판개를 배출한 곳이며, 서편제 판소리의 비조인 박유전이 태어난 곳이기도 하다.

31 정병욱, 『한국의 판소리』, 집문당, 1981, 54-55쪽.

모마을 태생이며 현재 심모마을에 거주하고 있는 이정호(남, 1940년생)씨를 선소리꾼으로 하여 65세 이상의 노인회 회원들이 함께 참여했다. 이후 30명의 회원이 결성한 '순창농요 금과들소리 전수회'는 각종 지역 축제에 초청되었고, 순창군과 전라북도에서 주최하는 예술경연대회와 전국 규모의 경연대회에 출전하여 각종 수상을 하면서 무대공연의 경험을 쌓았다. 그 중에서도 2002년 '제43회 한국민속예술축제'에 나가 대통령상을 수상함으로써 모정리 일대의 들소리는 '금과 들소리'로 널리 알겨지게 되었다. '순창농요 금과들소리 보존회'는 현재 인근 마을의 주민까지 포함하여 80여 명의 회원을 확보하고 들소리 전승과 교육의 새로운 주체가 되었다.

이처럼 전승환경과 전승주체가 변화되면서 들소리에도 새로운 변화가 생겨났는데, 크게 두 가지를 언급하고자 한다. 첫째는 마을 중심으로 전승되면서 마을 공동체의 정체성을 확인시켜 주었던 들소리가 현재는 보존회와 같이 면 단위로 확대된 새로운 전승 집단을 기반으로 전승되면서 이 들소리를 통해 새로운 현대적인 의미에서의 공동체 의식을 형성하게 되었다는 점이다. 둘째는 이 들소리를 '무대 공연 양식'으로 변형시켜 가는 과정에서 기존 들소리를 현대적으로 재구성함으로써, 청관중들에게 현대적인 흥미를 유발시키고자 한다는 점이다. 이러한 변화의 문제들은 고를 달리하여 좀 더 구체적으로 고찰할 필요가 있을 것이다.

들소리/도작노동요가 노동현장에서 불리던 과거에는 마을마다 마을의 주요 선소리꾼들이 각각 존재하였고, 따라서 들이 바뀌면 들소리도 바뀌는 것이 보통이다. 모정리 들소리는 모정리 세 마을과 인근의 대장마을과 동전마을에서도 불렀던 노래로서, 이 마을들은 '평지들'과 '달파지기들'에서 함께 농사를 짓는 마을들이므로 들소리 또한 같은 것들을 공유했던 것이다. 그래서 이들은 서로 다른 역사와 전통을 가지고 어느 정도 독립성을 가진 마을들이 한 들에서 함께 농사를 지으면서 들소리를 부름으로써 확대된 공동체로서의 결속력을 가질 수도 있었다.

현재는 이 들의 들소리가 노동의 현장에서 일하면서 불려지지는 않지만, 과거에 들소리를 공유했던 마을들이 '들소리'라는 과거의 매개체를 통해서 한 들 농사를 짓는 공동체로서의 새로운 '현대적 정체성'을 마련하는 계기를 확보할 수 있는 기회를 갖게 되었다. 나아가, 현재 '금과 들소리 보존회'의 구성원들은 한 들 농사를 짓는 모정리 세 마을의 주민이 가장 다수를 차지하고, 다음으로 동전리이며, 그 밖에도 금과면 일대의 다른 마을 주민들이 회원으로 참여하고 있다.[32] 따라서, 이 들소리 보존회는 들소리 전승의 인적 기반을 형성할 뿐만 아니라, 모정리의 들소리가 금과면 전체의 들소리로 확대되는 과정에서, 기존의 전통적인 마을 공동체를 좀 더 확대된 형태의 새로운 공동체로 확장시키는 구실을 하고 있음을 알 수 있게 한다.

이 보존회를 중심으로 들소리의 무대 공연 기회를 자주 갖게 되면서, 모정 들소리는 과거의 단조로움을 탈피하여 청관중의 흥미를 자극할 수 있는 극적인 구성도 필요로 하게 되었다. 이처럼 삶의 실용적 목적에서 행해졌던 들소리를 현대적인 무대 공연예술 작품으로 변형시켜가는 과정에서, 기존의 들소리를 극적인 공연 형태로 재구성하였다. 새롭게 재구성된 모정 들소리는 제한된 시간 내에 모정 들소리의 모든 레퍼토리를 보여줄 수 있는 형태로 짜여져 있다. 즉, 물품는 소리, 모심는 소리, 논매는 소리, 장원질소리를 부르고, 농사를 다 짓고 새 집을 짓는다는 '각본'으로 지경 다지는 소리를 하고, 농사지은 햇곡식을 먹지 못하고 죽은 김영감의 상여 나가는 소리

32 1998년 처음 군민의 날 행사에 출전할 때 구성원이 40명이었는데 현재 보존회는 한 들 농사를 짓는 모정리 세 마을과 대장, 내동마을 외에 금과면 내의 주민들을 영입하여 80여명의 회원을 확보하였다. 구성원들의 연령 분포는 60대 33명, 70대가 32명으로 가장 많고, 80대 6명, 50대 6명, 40대 2명, 30대 1명으로 구성되어 있다. 남녀 성비로는 약 3:2로 남자가 좀 더 많다. '금과 들소리 보존회 회원명단' 참조.

를 하여, 이 전체 과정을 한 바탕으로 하는, 45분에서 50분짜리 '현대적인 각본'을 재 구성하였다. 이 각본을 바탕으로 공연시간이나 상황에 따라서 각 절차에 소요되는 시간은 유연성 있게 조정될 수 있다.

이 과정에서 제한된 시간에 여러 마디소리를 효과적으로 선보이고, 청관중들에게 재미를 주기 위해서 가창방식에도 변화를 주었다. 예컨대, 논매는 소리 〈문열가〉는 원래 앞소리꾼의 사설을 그대로 받아서 부르는 복창방식으로 불렀던 것인데, 공연 시간을 단축하고 다양한 사설을 선보이기 위해 뒷소리꾼들은 앞소리꾼이 부른 소리를 그대로 따라 하지 않고 그 다음 사설로 건너뛰어 부르는 식이다. 〈연꽃타령〉도 마찬가지다. 〈담담 서름타령〉은 선후창으로 그대로 하고, 원래 선후창으로 많이 했던 〈오호타령〉은 한쪽 패가 메기고 나머지 한쪽 패가 일정한 후렴구를 받는 두패 선후창으로 부르고 있다. 〈방애타령〉이나 논매기 마무리 소리인 〈오헤소리〉와 〈사허소리〉, 장원질소리인 〈산아지타령〉은 변화 없이 원래대로 선후창 방식으로 하고 있다. 이러한 현대적인 면모들에 관해서는 고를 달리해서 좀 더 구체적으로 고찰할 필요가 있겠다.

VI. 결어

'전북 동남부 산간분지 지역'의 민요는 지형뿐만 아니라 문화적으로 서로 뚜렷한 차이를 보이는 전북 서부 평야지역과 동북부 산간지역 사이에 있어서 그 문화적 특성이 혼합적이고 중간적인 성격을 드러내리라는 점은 쉽게 추론할 수 있는 바이지만, 그 구체적인 양상과 문화적 특성에 대해서는 별다른 주목을 받지 못하였다. 본고에서는 전북 동남부 산간분지 지역 가운에 하나인 순창군 금과면 모정리의 들소리를 대상으로 삶과 문화의 관계

속에서 노동요를 이해하고, 또 노동요를 통해서 그 공동체의 삶과 문화를 살펴보고자 하였다. 한 지역 안에서도 자연환경과 문화적 조건의 영향에 따라 생기는 변화와 차이들이 이 토착적인 노동요 속에 반영되어 있기 때문이다.

본고에서는 민요의 지역적 차이가 생기는 요인을 민요 외적 요인들과 민요 내적 요인들로 크게 나누어 살펴보았다. 생산노동의 관행 및 노동력의 운영방식이라는 민요 외적 요인들을 살펴본 결과, 금과 모정에서는 평야지역에 비해 상대적으로 농토가 협소하기 때문에 두레를 동원하지 않고 품앗이로 노동집약적인 김매기를 하였고, 하루에 감당해야 할 전체 김매기 작업량의 비중이 많은 오전에 노동요를 배치함으로서 환경 조건과 노동 조건에 적합한 방법으로 김매기 노동의 효율적인 성과를 얻었음을 알 수 있었다.

곡조나 가창방식 등 민요 내적 요인들을 살펴본 결과, 모정의 들소리가 전북지역에서 뚜렷하게 대비된 차이를 보이는 산간지역이나 평야지역의 경계에서도 그 문화 자체의 독자적 정체성과 다양성을 구축하고 있는 구체적 양상을 파악할 수 있었다. 금과 모정 들소리에서는 동북부의 메나리토리가 전남 쪽에서 밀고 올라온 육자배기토리의 선후창 모심는 소리와 논매는 소리와 장원질소리, 그리고 서울 · 경기 쪽에서 밀고 내려온 경토리의 논매는 소리가 선후창, 두패 교환창, 두패 선후창, 선입후제창, 복창 등의 다양한 가창방식으로 불린다. 모정의 들소리에 나타나는 이러한 특징들은, 메나리토리권과 육자배기토리권 어느 쪽으로도 동화되지 않고, 이 지역 공동체 구성원들이 자신들의 문화적 바탕 위에다 새로운 문화적 요소들을 독자적으로 통합하여 창출해낸 문화적 독자성임을 알 수 있었다.

아울러, 들소리의 전승환경과 전승주체가 변화하면서 여기에서 생겨난 새로운 변화상을 살펴보았다. 마을 중심으로 전승되면서 마을 공동체의 정체성을 확인시켜 주었던 들소리는 이제 보존회와 같은 새로운 전승집단을 기반으로 전승되면서 들소리를 통해 새로운 의미에 있어서의 공동체 의식을 형성하게 되었다. 들소리를 무대 공연 양식으로 변형시켜가는 과정에서는 청관중들에게 현대적인 흥미를 유발시킬 수 있는 방향으로 기존 들노래가 재구성되어 가고 있다. 본고에서는 심도 있는 논의가 되지 못했으나, 본고에서 다룬 민요와 전승주체들과 사회의 역학관계는 현대의 민요연구에서 좀 더 진지한 논의를 요구하는 주제라고 생각된다.

전세계적으로 급속히 확대되고 있는 신제국주의적 정보화의 풍랑 속에서 우리와 같은 약소민족 국가가 자기 민족문화의 독자적인 정체성을 확립하기 위해서는 문화적 다양성을 확보하면서 그것들을 바탕으로 독자적이고 새로운 민족문화를 창출해 나가야 한다. 이런 면에서, 본고와 같은 방향의 연구작업은 한국문화의 다양성을 확보해 나아가는 밑거름이 될 수도 있을 것이다.

참고문헌

김성식 외, 『전북의 민요마을』, 전라북도립국악원, 1998.

김익두 외, 『전북노동요』, 전북대박물관, 1990.

김익두, 『전북의 민요』, 전북애향본부, 1989.

김익두, 『한국민요의 민족음악학적 연구: 전북민요의 경우』, 민속원, 2012.

김제군, 『김제의 전통』, 1982.

문화방송, 한국민요대전 『전라남도민요해설집』 및 『한국민요대전』(전남편) cd, 1993.

________, 한국민요대전 『전라북도민요해설집』 및 『한국민요대전』(전북편) cd, 1995.

순창문화원, 『순창의 문화유산 탐구 Ⅰ』, 1999.

양상화, 『순창향지(지명고)』, 향지사, 2003.

임동권, 「민요」, 『한국민속종합조사보고서』(전라북도 편) 문화공보부 문화재관리국, 1971.

전라북도, 『전라북도지』 1-3권, 1989.

강등학, 「〈모심는소리〉와 〈논매는소리〉의 전국적 판도 및 농요의 권역에 관한 연구」, 『한국민속학』

38집, 한국민속학회, 2003, 15-91쪽.
고려대 민족문화연구원, 『한국민속의 세계1』(생활환경 · 사회생활), 2001.
김익두, 「전북민요의 전반적 성격과 지역적 특성,」『국어국문학』 116집, 국어국문학회,1996, 127-156쪽.
김익두, 「민요의 시학과 정치학 - 전북지역 노동요의 공연학적/민족음악적 해석」, 『한국민속학』 30호, 한국민속학회 1998, 23-48쪽.
김익두, 「한국민요에 반영된 삶의 의미」, 『역사민속학』 6호, 한국역사민속학회, 1998, 210-228쪽.
김진순, 「한국 농업노동요의 분류와 분포 - 남한지역 논농사 소리를 중심으로」, 『구비문학연구』 4집, 한국구비문학회, 1997, 309-340쪽.
나승만, 「전남지역의 농요권 고찰」, 『호남문화연구』 18집, 전남대 호남문화연구소, 1988, 99-129쪽.
류종목, 「민요의 구연방식과 기능의 상환 - 노동요를 중심으로」, 한국역사민속학회 편, 『민요와 민중의 삶』, 우석출판사, 1994, 38-63쪽.
배영동, 『농경생활의 문화읽기』, 민속원, 2000.
이보영. 「시나위권의 민속음악」, 『한국인류학』 4집, 1971, 79-86쪽.
이보영, 『전라북도국악실태조사』, 문화재관리국 문화재연구소, 1982.
이보영, 「메나리토리 무가 · 민요권의 음악문화」, 『한국문화인류학』, 제15집. 1983, 233-249쪽.
임재해, 「구비문학 유산과 지역문화의 상생적 관계」, 『구비문학 연구』 14집, 한국구비문학회, 2002, 383-436쪽.
장사훈 · 한만영, 『국악개론』, 재단법인 한국국악학회, 1975.
전정구, 「일노래 연구 - 전북지역 농업노동요를 중심으로」, 『한국언어문학』 제30집, 한국언어문학회, 1992, 227-252쪽.
정병욱, 『한국의 판소리』, 집문당, 1981.
주강현, 「마을 공동체와 마을굿두레굿」, 민족굿회 편, 『민족과 굿』, 학민사, 1987, 37-101쪽.
주강현, 『한국의 두레』 1-2, 집문당, 1997.

Attali, Jacques, *Noise-The Political Economy of Music*, Translation by Brian Massumi, University of Minnesota Press, 1997.
Blacking, John, *How Musical is Man?*, University of Washington Press, 1974.
Brailoiu, Constantin, *Problems of Ethnomusicology*, Edited and Translated by A. L. Lloyd, Cambridge University Press, 1984(이기우 편역, 『민속음악』, 전주: 신아출판사, 1994).
Clifford, James and Marcus, Grorge E.(eds.) *Writing Culture: The Poetics and Politics of Ethnography*, Berkeley and Los Angeles and London: University of California Press, 1986(이기우 옮김, 『문화를 쓴다: 민족지의 시학과 정치학』, 서울: 한국문화사, 2000).
Lomax, Alan, *Folk Song Style and Culture*, American Anthropologist for the advancement of Science Publication, no.88, Washington D.C.: American Anthropologist, 1968.
Merriam, Alan P., *The Anthropology of Music*, Evanston, Ill: Northwestern University Press, reprinting, 1980(이기우 옮김, 『음악인류학』 I · II, 서울: 한국문화사, 2001).
Myers, Helen, *Ethnomusicology-an introduction*, London:The Macmillan press, 1992.

순창 '금과 들소리'의 지역적 성격과 음악적 특성

논매는소리를 중심으로

강재욱
고려대 민족문화연구소 연구원

순창 '금과 들소리'의 지역적 성격과 음악적 특성

Ⅰ. 서언

순창지역의 논매는소리는 전북에서 가장 많은 20종의 노래 유형이 나타나고, 유형에 따라 분포하는 악곡의 수도 가장 많이 존재한다. 이 악곡들은 여타 지역에 비해 활발하게 불리며, 현재까지 전승되고 있다. 농요의 전승과 활용 측면에서 순창은 전북에서 매우 중요한 위치를 갖고 있다. 순창의 대표적인 노동요는 전라북도 순창군 금과면 매우리 일대에서 전승되는 '금과 들소리'이다. 금과 들소리는 역사적으로 긴 시간 동안 불리며 전승되었고, 음악적으로 인접 지역과 차별화된 모습을 갖고 있어 주목할 수 있다.

본고는 순창 금과들소리 가운데 논매는소리를 중심으로 이 지역 민요의 음악적 특성과 지역적 성격을 알아보고자 한다. 논매는소리는 모심는소리와 함께 농요의 가장 중심에 해당하는 민요이다. 그런데 논매는소리는 모심는 소리에 비해 훨씬 다양하게 존재한다. 그 이유는 작업의 내용과 상황에서 찾을 수 있는데, 모심기는 1회로 그치는 경우가 대부분이지만, 논매기는 적게는 2회, 많게는 4회 이상 하는 경우도 적지 않다. 작업의 횟수가 많아

지면, 노래의 수요도 그만큼 다양화되는데, 지역에 따라서는 일을 시작할 때와 마무리할 때 본격적인 논매기 작업과 구분하여 별도의 노래를 부르는 곳도 적지 않다. 이러한 결과로 논매는소리는 모심는소리보다 그 종류가 월등히 많다.

더욱 구체적으로 알아보면 모심는 소리는 보통 한 마을에 1종 정도가 있는 것이 일반적인데, 논매는 소리의 경우는 적어도 2-3종은 존재하며, 많게는 4-5종 이상이 되는 곳도 적지 않다. 전국적으로 보면, 모심는 소리의 유형으로 확인된 것이 19종 정도에 불과하지만, 논매는소리의 유형은 200여 종 이상이 존재하는 것으로 파악되고 있다.[1] 이러한 이유로 '금과 들소리'의 음악적 특성과 지역적 성격을 면밀히 파악하기 위해서는 논매는소리가 더 적절한 것으로 판단 된다.

이 글에서는 금과면 논매는 소리의 지역적 성격을 알아보기 위해 순창지역 논매는 소리의 유형별 분포를 파악하고자 한다. 구체적으로 논매는 소리의 유형은 어떠한 것들이 있으며, 또 유형에 따라 분포하는 악곡 수는 얼마가 되는지 살펴보고자 한다. 지역적 성격이 구체적으로 드러나면, 이를 바탕으로 본격적인 음악분석을 진행하고자 한다. 이를 위해 먼저 민요의 기본적 음악어법인 토리가 어떻게 존재하며, 활용되고 있는지를 파악하고자 한다. 토리의 존재 양상이 어떤 식으로 전개되어 형성되었는지를 파악하는 점은 이 지역 민요의 음악적 상황을 체계적으로 설명할 수 있는 기본토대에 해당하기 때문이다.

1 강등학, 『한국구비문학의 이해』, 월인, 2002, 241-242쪽.

Ⅱ. 전북지역과 순창지역 논매는소리의 유형 및 지역별 분포[2]

본장에서는 순창지역 논매는소리를 유형별, 지역별로 정리하여 분석하고자 한다. 구체적으로 순창지역 논매는소리의 유형은 어떠한 것들이 있으며, 또 유형에 따라 분포하는 악곡 수는 얼마가 되는지 살펴보고자 한다. 순창 논매는소리의 유형별 분포를 명확하게 파악하기 위해 먼저 이미 조사된 전북지역 논매는소리의 지역별 분포 양상을 보면 다음과 같다.

〈표 1〉 전북지역 논매는소리의 지역별 분포양상

지역	논매는소리
순창	70
남원	48
고창	46
익산	15
부안	22
군산	14
진안	12
김제	12
임실	10
완주	4
장수	5
무주	5
정읍	3
계	266

2 본고에서 다루고 있는 자료는 『한국민요대전 - 경북북도편』, MBC, 1995; 이소라, 『한국의 농요 5』, 현암사, 1985; 김익두, 『전북의 민요』, 신아출판사, 1989; 『전북의 민요마을』, 전라북도도립국악원, 1998; 『남원지역 사람들의 삶과 노래』, 국립민속국악원, 2001; 『임석재채록 한국구연민요』, 서울음반, 1995; 『순창의 민요』, 금과들소리보존회, 2005이다.

〈표 1〉을 통해 전북지역 논매는소리는 총 266곡이 조사되었고, 순창, 남원, 고창 지역 순으로 많은 수의 민요가 조사되었음을 알 수 있다. 완주, 장수, 무주, 정읍은 상대적으로 매우 적은 수의 논매는 소리가 발굴되었다. 다음의 〈표 2〉는 논매는소리가 지역적으로 어떠한 분포를 이루는지 정리되어 있다.

〈표 2〉 전북지역 논매는소리의 유형 및 지역별 분포 양상

지역 / 유형	순창	남원	고창	부안	군산	익산	진안	김제	임실	장수	무주	완주	정읍	총계
방아소리	10	9	5	6	1	7	2		2	2				44
싸호소리	8	13	1		1		2		2	2		1		30
미나리	12	4									2			18
어기야뒤야소리			7	9										16
산타령	1				6		2	5						14
마뒤소리	3	1	5						4				1	14
아하소리				1		5		3						9
설움소리	10													10
얼씨구나좋다소리	6	1												7
그물타령	5	2												7
양산도	2	2					2			1				7
어사용						4		3						7
두름박소리	1		5											6
절싸소리			6											6
사뒤소리	2	3												5
위야호호소리					3						1			4
어기야하소리			4											4
에헤소리		2	1											3
상사소리	1										1	1		3
세사는금삼척이요소리			3											3
얼싸좋다소리									2					2

매화타령							2							2
배꽃/연꽃타령	2												1	3
호무질소리		1	1											2
오호로다소리												2		2
싸세소리		2												2
뚜름마소리							2							2
베루야소리		2												2
동골동골소리				2										2
마헤이소리				2										2
에헤야소리			1		1									2
상사소리	1										1	1		3
휘휘둘러라소리				2										2
얼씨구나놀자소리		2												2
뒤여소리	1		1											2
문열가	1													1
갈까타령	1													1
아하이야러소리	1													1
스리롱타령	1													1
어리사소리	1													1
어휘소리		1												1
놀아보세소리		1												1
대신이야소리		1												1
에이응소리			1											1
위야어우이소리			1											1
이리이			1											1
얼룰룰소리			1											1
어럴렁차소리					1									1
얼씨구나소리						1								1
옹골동골소리								1						1
우야소리												1		1
어함소리													1	1
52종	70	47	44	22	13	17	12	12	10	5	5	6	3	266

〈표 2〉의 내용을 정리하면, 전북지역 논매는소리는 총 52종의 유형으로 나뉜다. 전북지역 논매는소리의 노래 유형은 지역에 따라 그 편차가 매우 크게 나타났다. 가장 많은 노래 유형이 나타난 순창은 20종에 이르고, 남원, 고창 등의 지역도 16종 이상이 존재하지만, 나머지 지역의 경우는 3-7종에 불과하다.

여기서 악곡수가 많은 유형은 조사의 빈도가 그만큼 높았다는 것을 의미하며, 이것은 결국 해당 유형의 노래가 여타 노래에 비해 상대적으로 넓은 분포를 이루며 활발하게 불렸을 것으로 이해할 수 있다. 조사된 악곡 수의 차이가 작은 경우는 모르지만, 악곡수의 차이가 큰 것일수록 이러한 가능성은 매우 커진다. 이러한 점에서 전북의 논매는소리 중 그 전승이 가장 활발한 유형은 방아소리라고 할 수 있으며, 다음으로는 싸호소리, 미나리, 어기야뒤야소리, 산타령, 마뒤소리 등이 뒤를 잇는다고 할 수 있다. 〈그림 1〉은 논매는 소리의 지역별 악곡분포이다.

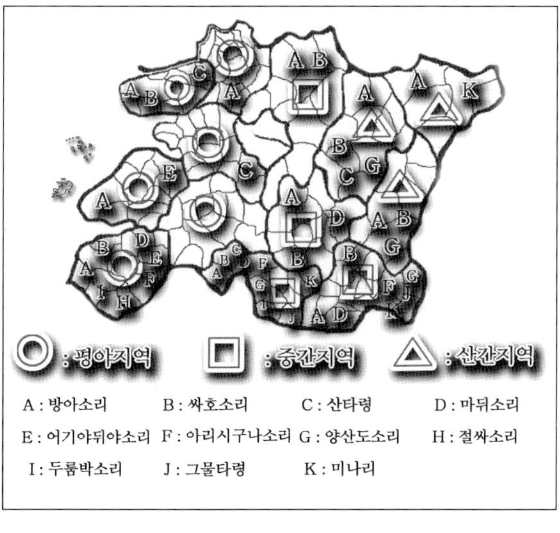

〈그림 1〉 전북지역 논매는소리의 지역별 악곡 분포

〈그림 1〉을 통해 전북지역 논매는소리의 악곡의 지역적으로 분포양상을 살펴볼 수 있다. 조사된 악곡수가 가장 많은 순서대로 정리한다면 먼저 방아소리는 전북지역 대부분의 지역에 넓게 펴져 있다. 평야지역, 중간지역, 산간지역까지 고루 분포하고 있음을 알 수 있다.

싸호소리 역시 방아소리와 마찬가지로 전북의 평야지역, 중간지역 산간지역에 넓게 자리 잡고 있다. 악곡 수가 가장 많은 방아소리와 싸호소리는 전북의 전 지역에서 적극적으로 활용되어 불렀음을 확인할 수 있다.

미나리는 순창, 남원을 포함한 무주까지 분포하고 있고, 어기야뒤야소리의 경우 고창, 부안에서 보이는데 이는 평야지역에 해당된다. 두름박소리는 순창, 고창을 중심으로 분포하고, 얼씨구나좋다소리 역시 순창, 고창을 중심으로 분포한다. 그물타령, 양산도소리는 동부 산간지역을 중심으로 전승된다. 그물타령은 순창 · 남원지역에서 양산도소리는 순창 · 남원을 포함한 장수 · 진안을 중심으로 분포함을 알 수 있다.

논매는소리의 유형이 많이 존재하는 순창, 남원, 고창은 모두 전북의 남부지역에 해당하며, 또한 전라남도와 접경을 이루는 곳이다. 그러므로 전북에서 논매는소리의 유형이 다양하게 존재하는 곳은 대체적으로 전라남도와 인접해 있는 남부지역이라고 할 수 있다.

순창지역은 전북에서 가장 많은 20종의 유형의 악곡들이 존재하고 있고, 이 악곡들이 여타 지역에 비해 활발하게 불리고, 현재까지 전승되었음을 알 수 있다. 농요의 전승과 활용 측면에서 순창은 지역적으로 매우 중요한 위치를 갖는 것으로 파악할 수 있다.

Ⅲ. 순창 '금과 들소리'의 음악적 내역 및 특성

앞서 Ⅱ장에서 순창은 전북에서 논매는소리의 유형이 가장 많이 존재하고, 조사된 악곡의 수도 가장 많은 것을 파악했다. 농요의 전승과 활용 측면에서 순창지역은 매우 중요한 역할을 맡고 있음을 알 수 있었다.

본장에서는 본격적으로 순창 금과들소리의 음악적 내역을 정리하고 분석하여, 이곳 논매는소리의 음악적 특성과 양상에 대해 논의하고자 한다. 좀 더 세부적으로 알아보면, 금과면의 논매는 소리를 중심으로 주변 인접지역의 동일한 악곡을 함께 분석하여, 금과면 논매는소리의 음악적 성격과 특성을 분명하게 드러내고자 한다.

음악적 내역의 정리와 분석은『순창의 민요』,『한국민요대전-전북편』의 음향자료를 대상으로 채보하고, 그 결과를 출현음과 토리의 활용, 선율진행, 시김새의 활용 등으로 정리하고자 한다.

1. 방아소리

〈악보 1〉 방아소리(금과들소리보존회)

채보 강재욱

순창군 금과면 방아소리는 선후창방식으로 부르며, 구성음은 도″-라′-솔′-미′-레′-도′-라-솔의 경토리 진행이다.[3] 한 옥타브를 넘어서는 음역이 사용되고 있는 점이 특징인데, 도″-라′-솔′의 진행을 통해 음역의 확대가 이뤄지고 있음을 알 수 있다. 불규칙박자이며, 도′는 퇴성을 한다.

〈악보 2〉 방아소리(1) (순창군 팔덕면 월곡리 내월 외월)

채보 강재욱

3 본고에서는 토리의 특징이 잘 나타나는 하행진행의 선율을 사용하고자 한다.

순창군 팔곡면 방아소리(1)[4]은 두 패 교환창으로 부르며, 초벌-두벌-세벌의 어느 때나 다 부른다. 또한 구성음은 도″-라′-솔′-미′-레′-도′-라-솔의 경토리 진행이며, 도″-라′-솔′에서 볼 수 있듯이 한 옥타브를 넘어서는 음역을 사용하고 있어 음역의 확대현상이 나타나고 있음을 알 수 있다. 또한 5마디와 6마디에서 '어리 이히 이히 이 에 헤-'가 나타나는데, 이 부분은 각 패가 부를 때마다 반복된다.

〈악보 3〉 방아소리(2) (순창군 팔덕면 월곡리 내월 외월)

채보 강재욱

4 순창군 팔덕면 월곡리 내월 외월에서는 같은 방아소리가 두 곡이 조사되었다. 차별성을 위해 방아소리(1), 방아소리(2)로 구분하고자 한다.

순창군 팔곡면의 방아소리(2)는 두 패 교환창으로 부르며, 초벌-두벌-세벌의 어느 때나 부른다. 출현음은 솔′-미′-레′-도′-라-솔이며, 경토리의 특징을 따르고 있다. 그러나 순차진행을 기본특징으로 하는 경토리의 특성과 다르게 '라'가 생략된 솔-도′, 도′-솔의 완전4도 상행 · 하행진행과 레-솔′의 완전4도 상행진행이 나타나는 점에서 남도경토리의 특성이 보인다. 또한 '솔'의 요성이 나타나고, 도′로 종지하는 점 역시 남도경토리로 판단할 수 있다.

〈악보 4〉 방아소리 (순창군 유등면 건곡리)

채보 강재욱

순창군 유등면의 방아소리는 두 패 교환창으로 부르며, 각 패의 사설마다 후렴이 있다. 출현음은 미′-레′-도′-시-라-솔-미의 구조이다. 도′-시-라-미의 하행진행과 '미'의 요성에서 육자배기토리의 특징을 찾을 수 있다.

7번째 마디의 '미-솔-미'의 진행과 11번째 마디의 '미-솔-미'의 진행에서는 육자배기토리에서 사용되지 않는 '솔'이 등장하고 있으며, '미'에서 '솔'로 상행진행이 이뤄지는 점은 경토리의 특징으로 볼 수 있다. 따라서 이 곡은 육자배기토리를 중심으로 하되 경토리가 섞여 있는 형태로 판단된다. 순창군 방아소리에 사용된 출현음, 토리, 박자를 지역명과 함께 정리하면 다음의 〈표 3〉과 같다.

〈표 3〉 순창지역 방아소리의 음악적 내역

지역명	출현음과 특징	토리	특징	박자
순창 금과면	도″-라′-솔′-미′-레′ 도′-라-솔	경토리	도′ 퇴성 음역확대	불규칙형
순창 팔덕면 월곡리 내월 외월(1)	도″-라′-솔′-미′-레′ 도′-라-솔	경토리	미 퇴성 음역확대	3소박6박
순창 팔덕면 월곡리 내월 외월(2)	솔′-미′-레′-도′-라-솔	남도 경토리	솔 요성 도′ 퇴성	불규칙형
순창 유등면 건곡리	미′-레′-도′-시-라-미	육자배기 토리+경토리	미 요성 음역확대	3소박4박

이상으로 순창지역의 방아소리를 출현음, 토리, 시김새, 박자의 분석을 통해서 알아보았다. 정리하면 다음의 음악적 특성이 드러난다. 먼저 음역의 확대이다. 금과면과 팔덕면의 방아소리(1), 유등면에서는 음역의 확대가 이루어졌다. 금과면과 팔덕면의 방아소리는 도″-라′-솔′까지 한 옥타브를 넘어서는 음역이 확대되는 모습이 보인다. 유등면의 방아소리는 낮은

'미'에서 높은 미′음까지 음역을 확대하여 활용하고 있다.

다음의 특징은 요성과 퇴성을 자유롭게 사용하고 있는 점이다. 순창의 방아소리가 조사된 모든 지역에서는 요성과 퇴성이 사용되었다. 팔덕면 월곡리 방아소리(2), 유등면의 방아소리에서는 각각 '솔'과 '미'의 요성을 확인할 수 있다. 금과면과 팔덕면 방아소리(1), 방아소리(2)는 도′ 와 '미'의 퇴성을 활용했다.

다양한 토리를 활용하고 있는 점 역시 중요한 특징이다. 보통 토속민요 방아소리가 경기도를 중요거점으로 하며, 음악적으로 경토리와 수심가토리가 같이 사용되는 양상으로 알려져 있는데, 순창지역 방아소리는 수심가토리를 제외하고 경토리, 남도경토리, 육자배기토리를 활용했다는 음악적 특성이 있다.

금과면의 방아소리는 경토리를 그대로 수용하면서 도′를 퇴성하며 가창하는데, 도′를 퇴성으로 활용하는 점은 육자배기토리에서 도-시의 하행진행과 유사한 구성으로 판단한다. 외지노래인 방아소리의 경토리적 특성을 수용하면서 육자배기토리의 일부 시김새를 부분적으로 사용한 것으로 보인다.

팔덕면 월곡리의 방아소리(1)과 (2)는 같은 지역에서 동일 유형의 악곡을 각각 경토리와 남도경토리로 사용했다는 점이 특이한 점이다. 유등면의 방아소리는 악곡에서 육자배기적 특성과 경토리적 특성이 동시에 활용됐다. 다른 악곡들이 경토리와 남도경토리 가운데 하나의 음악어법만을 선택하여 사용했는데, 유등면의 방아소리는 육자배기적 특성과 방아소리 고유의 경토리적 특성을 섞어 자유롭게 활용한 점이 특징이다.

방아소리와 같은 외지의 노래가 순창에 유입되면서 그곳의 음악적 토리를 함께 수용하기도 하고, 또 그것을 거부하고 스스로의 토리로 외지의 노래를 소화하는 움직임이 모두 자리하고 있었다고 해석할 수 있다. 금과면의 방아소리는 방아소리 고유의 경토리를 그대로 수용하고 받아들이면서, 지역만의 음악적 특성을 새롭게 접목했으며, 경토리의 출현음을 한 옥타브 이상 확대하여 음역을 넓게 활용한 점이 음악적 특징이다. 그리고 도′의 퇴성을 통해 육자배기토리 성격을 드러내고자 한 점은 금과면의 독특한 특징으로 볼 수 있다.

2. 싸호소리

〈악보 5〉 싸호소리 (금과들소리보존회)

채보 강재욱

금과면의 싸호소리는 선후창방식으로 논매기를 마무리할 무렵에 부르는 소리이다. 출현음은 미′-레′-도′-라-솔이며, 가창자는 도′와 솔을 길게 끌어가며 노래한다. '솔'은 요성을 하며 도′로 종지하는 특징이 있다. 미′-레′-도′-라-솔의 출현음을 기본으로 '솔'을 요성하고 도′로 종지하는 점은 남도경토리의 전형적인 특징으로 볼 수 있다.

〈악보 6〉 긴싸호소리 (순창군 팔덕면 월곡리 내월 외월)

채보 강재욱

순창군 팔덕면의 긴싸호소리는 선후창방식으로 출현음은 솔′-미′-레′-도′-라-솔이다. 전체적으로 순차진행을 하며, 도′와 '라'는 퇴성을 한다. 전반적인 악곡의 진행에서 솔을 길게 끌어주며 상행 진행하는 특징이 있다. 순창의 싸호소리 가운데 유일하게 경토리로 활용되는 악곡이다. 낮은 솔에서 높은 솔′까지 음역이 확대되어 활용되는 점도 중요한 특징이다.

〈악보 7〉 자진싸호소리 (순창군 팔덕면 월곡리 내월 외월)

채보 강재욱

순창군 팔덕면 자진싸호소리는 선후창방식으로 긴싸호소리와 마찬가지로 논매기를 마무리할 때 부른다. 자진싸호소리의 출현음은 레′-도′-시-라-솔-미이며 '미'는 요성을 한다. 6-7번째 마디와 14-15번째 마디의 도′-시의 하행진행과 미-라의 상행진행에서 육자배기토리의 특성이 드러난다. 순창군 싸호소리에 사용된 출현음, 토리, 박자를 지역명과 함께 정리하면 다음의 〈표 4〉와 같다.

〈표 4〉 순창지역 싸호소리의 음악적 내역

지역명	출현음과 특징	토리	특징	박자
순창 금과면	미′-레′-도′-라-솔	남도경토리	솔 요성	불규칙형
순창 팔덕면 월곡리 내월 외월 긴싸호소리	솔′-미′-레′-도′-라-솔	경토리	도′ 퇴성 라 퇴성 음역확대	불규칙형
순창 팔덕면 월곡리 내월 외월 자진싸호소리	레′-도′-시-라-솔-미	육자배기토리	미 요성	3소박3박

순창지역의 싸호소리는 금과면과 팔덕면에서 조사되었다. 싸호소리를 출현음, 토리, 시김새, 박자의 분석을 통해서 알아보았는데, 다음의 음악적 특성이 드러난다. 먼저 금과면의 싸호소리는 미′-레′-도′-라-솔의 출현음을 사용하며, '솔'은 요성하는 특징이 있다. '솔'의 요성과 도로 종지하는 특성으로 볼 때, 남도경토리로 활용됨을 알 수 있다.

팔덕면의 긴싸호소리는 솔′-미′-레′-도′-라-솔의 출현음이 보이며, 낮은 '솔'에서 높은 '솔'까지 음역이 확대되어 활용된다.

순창군의 싸호소리는 방아소리에 비해 출현음의 구조가 단순하고, 시김새의 특성 역시 그러한데, 이것은 이 노래가 논매기를 마무리할 때 부르기 때문으로 보인다. 논매기의 마무리는 비교적 빠르고 단순하게 진행되기 때문으로 판단된다.

『한국민요대전-전북편』에 수록된 전북의 싸호소리 5곡 중에 4곡은 육자배기토리로 노래했는데, 싸호소리는 본래 육자배기토리로 부르던 것으로 전북지역에서 자생된 노래로 판단할 수 있었다.[5] 육자배기토리 중심의 싸호소리가 순창 금과면과 팔덕면에서는 각각 남도경토리와 경토리로 활용되고 있는 점은 매우 특이한 점이다.

앞서 살펴본 방아소리는 경토리가 중심인 외지의 노래로서 순창에 유입되어 활용 되고 있데, 금과면, 팔덕면, 유등면의 방아소리는 고유의 경토리로 활용되면서, 남도경토리로 사용하기도 하고, 육자배기토리의 시김새를 혼합하여 새롭게 활용하는 모습을 보였다. 싸호소리의 토리 활용 역시 이와 유사한 관점에서 설명할 수 있다.

싸호소리는 전북에서 자생된 노래로서, 대부분의 지역에서 고유의 육자배기토리를 활용하고 있지만, 순창에서는 남도경토리와 경토리만 사용되며, 육자배기토리는 활용하지 않고 있다. 순창지역은 악곡이 갖고 있는 고유의 토리를 그대로 수용해서 사용하기도 하지만, 지역의 특성에 맞춰 다양한 토리의 활용을 하고 있는 것이다.

---

5 강재욱, 「전북지역 논매는소리의 분포와 토리 활용양상」, 한양대학교 석사학위 논문, 2011, 참조.

3. 미나리(문열가)

〈악보 8〉 미나리 (금과들소리보존회)

문열가

채보 강재욱

금과면의 미나리는 선후창방식으로 논매기를 처음 시작할 무렵에 부른다. 출현음은 솔′-미′-레′-도′-라-솔-미 이며, 경토리의 구조이다, 낮은 미에서 한 옥타브를 넘어서는 솔′까지 음역이 확대되어 활용되고 있다. 또한 미는 퇴성하고, 불규칙박을 사용하는 특징을 갖는다.

〈악보 9〉 미나리 (순창군 순창읍 가남리 가잠)

채보 강재욱

순창군 가남리의 미나리는 두 패 교환창 방식으로 출현음은 미′-레′-도′-라-솔의 경토리 구조이다. 전체적인 악곡은 순차 진행을 하고 있다. 출현음은 단순한 편이며, 음역의 확대는 이뤄지지 않고 있다. 또한 요성과 퇴성의 사용이 없는 것이 특징이다.

〈악보 10〉 미나리 (순창군 유등면 건곡리 학촌)

채보 강재욱

순창군 유등면의 미나리는 솔′-미′-레′-도′-라-솔 의 전형적인 경토리 구조이다. 2번째 마디의 솔′이 확대되어 불리는 특징이 보인다. 요성이나 퇴성의 사용은 보이지 않는다.

〈악보 11〉 미나리 (순창군 팔덕면 월곡리 내월 외월)

채보 강재욱

순창군 팔덕면의 미나리는 두 패 교환창방식으로, 출현음은 도′-라-솔-미-레로 구성된다. 라-도′, 솔-라, 미-라의 상행진행과 함께 음역의 큰 변화가 없는 순차진행이 이뤄진다. 악곡의 특성상 토리의 특성이 불분명하여 구분할 수 없는 것이 독특한 점이다. 순창군의 미나리에 사용된 출현음, 토리, 박자를 지역명과 함께 정리하면 다음의 〈표 5〉와 같다.

〈표 5〉 순창지역 미나리의 음악적 내역

지역명	출현음과 특징	토리	특징	박자
순창 금과면	솔′-미′-레′-도′-라-솔-미	경토리	미 퇴성, 음역확대	불규칙형
순창 가남리 가장	미′-레′-도′-라-솔	경토리		불규칙형
순창 팔덕면 월곡리 내월 외월	도′-라-솔-미-레	불확실		불규칙형
순창 유등면 건곡리	솔′-미′-레′-도′-라-솔	경토리	음역확대	불규칙형

순창지역의 미나리는 금과면, 팔덕면, 가남리, 유등면에서 조사되었다. 미나리를 출현음, 토리의 활용, 시김새, 박자의 분석을 통해서 알아보았는데, 다음의 음악적 특성이 드러난다.

먼저 금과면의 미나리는 낮은 미에서 한 옥타브를 넘어서는 솔′까지 음역이 넓게 확대되어 사용되고 있는 것이 대표적인 특징이다. 또한 미는 퇴성하고, 불규칙박을 사용한다.

가남리와 유등면의 미나리는 모두 경토리의 특성을 갖는다. 두 지역의 미나리는 모두 시김새의 활용이 없는 것이 특성이다. 가남리의 미나리는 미′-레′-도′-라-솔의 출현음을 갖고 있으며, 유등면의 미나리는 미′-레′-도′-라-솔의 구성음에서 높은 솔′까지 음역이 확대되어 활용됐다.

팔덕면의 미나리는 음역의 확대는 보이지 않으며, 도′-라-솔-미-레의 단순한 출현음을 사용하고 있다. 출현음이 단순하고 시김새의 활용이 이뤄지지 않아서, 토리를 명확하게 구분할 수 없었다.

다른 지역과 달리 금과면 미나리는 낮은 '미'부터 높은 솔′까지 넓게 음역을 확대하며 출현음 역시 다양하게 활용했다. 또한 창자는 긴 호흡의 가창을 통해 악곡을 여유롭게 가창했는데, 이는 금과면의 독특한 특성으로 볼 수 있다.

4. 설움소리

〈악보 12〉 설움소리 (금과들소리보존회)

설움소리

채보 강재욱

순창군 금과면의 설움소리는 불규칙형박자이며, 미′-레′-도′-라-솔-미의 출현음을 갖는다. 전반적으로 경토리의 특성을 갖지만, 중간에 등장하는 도′-솔의 하행진행 미-라의 상행진행은 경토리의 일반적인 양상과 다른 독특한 점으로 볼 수 있다. 또한 음역의 확대가 이뤄져 낮은 '미'에서 높은 미′까지 활용된다. 시김새의 활용은 나타나지 않는다. 순창군 설움소리에 사용된 출현음, 토리, 박자를 지역명과 함께 정리하면 다음의 〈표 6〉과 같다.

〈표 6〉 순창지역 설움소리의 음악적 내역

지역명	출현음과 특징	토리	특징	박자
순창 금과면	미′-레′-도′-라-솔-미	경토리	음역확대	불규칙형
순창 가남리 가장	미′-레′-도′-라솔	경토리		불규칙형
순창 유등면 건곡리	솔′-미′-레′-도′-라솔	경토리	음역확대	불규칙형

순창지역의 설움소리는 금과면, 가남리, 유등면에서 조사되었다. 설움소리를 출현음, 토리, 시김새, 박자의 분석을 통해서 알아보았는데, 다음의 음악적 특성이 드러난다. 먼저 금과면의 설움소리는 미′-레′-도′-라-솔-미의 출현음으로 구성되며, 낮은 '미'에서 높은 미′까지 활용되된다. 전반적으로 경토리의 특성을 갖고 있지만, 도′-솔의 하행진행과 미-라의 상행진행은 경토리의 일반적인 양상과 다른 독특한 점으로 볼 수 있었다.

가남리의 설움소리는 미′-레′-도′-라-솔의 출현음을 갖고 있으며, 전형적인 경토리의 구조이다. 유등면은 솔′-미′-레′-도′-라-솔의 출현음을 활용하며, 이 역시 경토리의 일반적인 특성을 갖는다. 두 지역 모두 특별한 시김새의 활용은 보이지 않고, 불규칙형 박자를 사용하는 특징을 갖는다.

5. 연꽃/배꽃타령

〈악보 13〉 연꽃/배꽃타령 (금과들소리보존회)

연꽃타령

채보 강재욱

순창군 금과면의 연꽃타령은 선후창방식으로 출현음은 도′-라′-솔′-미′-레-도-라의 구성음으로 이뤄진다. 낮은 '라'에서 한 옥타브를 넘어서 도′까지 음역이 활용되고 있는 점이 특징이다. 순창군의 연꽃/배꽃타령에 사용된 출현음, 토리, 박자를 지역명과 함께 정리하면 다음의 〈표 7〉과 같다.

〈표 7〉 순창지역 연꽃/배꽃타령의 음악적 내역

지역명	출현음과 특징	토리	특징	박자
순창 금과면	도′-라′-솔′-미′-레-도-라	경토리	음역확대	불규칙형
순창 가남리	미′-레′-도′-라-솔	경토리		불규칙형
순창 유등면 건곡리	솔′-미′-레′-도′-라-솔	경토리	음역확대	불규칙형

순창지역의 연꽃/배꽃타령은 금과면, 가남리, 유등면에 분포되어있으며 모두 경토리이다. 금과면의 연꽃타령은 도′-라′-솔′-미′-레-도-라의 출현음을 활용하며, 경토리 구조이다. 낮은 '라'에서 한 옥타브를 넘어서 도′까지 음역이 사용되고 있는 점이 특징인데, 이는 앞서 살펴본 방아소리의 음역확대와 동일한 특성이다.

유등면에서도 음역확대가 활용된다. 유등면의 연꽃/배꽃타령은 솔′-미′-레′-도′-라-솔의 출현음을 활용했고, 낮은 솔에서 높은 솔′까지 음역을 넓게 활용했다. 가남리의 연꽃/배꽃타령은 미′-레′-도′-라-솔의 출현음이 사용됐고, 음역확대는 이뤄지지 않는다. 금과면, 가남리, 유등면 모두 요성이나 퇴성과 같은 시김새의 활용은 이뤄지지 않았다.

이상으로 금과면 논매는소리를 포함한 금과면 주변 마을에 분포한 동일유형의 악곡을 분석하여 그 내역을 파악했고, 구체적인 음악적 특성을 살펴봤다. 정리하면 다음과 같다.

첫째, 토리의 다양한 활용이다. 순창에 분포한 동일유형의 악곡에서는 한 가지의 토리만이 활용되지 않고, 두 가지 이상의 토리가 함께 활용되었다. 이것에 해당하는 악곡은 대표적으로 방아소리와 싸호소리가 있다. 먼저 금과면의 방아소리는 경토리를 그대로 수용하면서 도′를 퇴성하는데, 가창 도′의 퇴성은 육자배기토리에서 도-시의 하행진행과 유사한 진행 방식으로 해석했다. 정리하면, 금과면 논매는소리는 방아소리가 갖고 있는 경토리적 특성을 대부분 따르면서, 한편으로는 육자배기토리의 일부 시김새의 요소를 받아들여 부분적으로 활용했다.

금과면 뿐 아니라 팔덕면 월곡리의 방아소리(1)과 (2)는 각각 경토리와 남도경토리로 사용했다. 유등면의 방아소리는 악곡에서 특정한 토리 한 가지 종류만 활용하지 않고, 육자배기의 특성과 경토리적 특성이 동시에 섞여 활용됐음이 매우 특이했다.

싸호소리 역시 토리활용의 다양성이 보인다. 『한국민요대전-전북편』에 수록된 전북의 싸호소리 5곡 중에 4곡은 육자배기토리로 노래했는데, 이를 통해 싸호소리를 전북지역의 자생된 노래로 판단했다. 육자배기토리 중심의 싸호소리가 금과면과 팔덕면에서는 각각 남도경토리와 경토리로 활용되고 있는 점은 이 지역만의 매우 특이한 점이다.

그러므로 순창의 논매는소리 중 외지에서 유입된 악곡은 본래 그것이 지니고 있던 토리가 그대로 수용되기도 하고, 또 다른 토리로 전환되기도 하는 현상이 두루 존재하고 있는 것으로 말할 수 있다.

둘째, 음역의 확대이다. 금과면의 논매는 소리는 싸호소리를 제외한 모든 곡들이 음역을 확대되어 활용되고 있음을 확인했다. 금과면 방아소리는 도″-라′-솔′-미′-레′-도′-라-솔로 구성되며, 한 옥타브를 넘어서는 음역이 사용됐고, 금과면의 미나리와 연꽃타령도 한 옥타브를 넘어서는 음역으로 확대되어 활용됐다. 주변 팔덕면과 유등면의 논매는소리 역시 다수의 곡에서 음역의 확대가 이뤄졌음을 확인했는데, 금과면의 경우처럼 한 옥타브를 넘어서는 수준의 음역 확대는 보이지 않았다.

Ⅳ. 결어

본고는 순창 '금과 들소리'의 지역적 성격과 음악적 특성을 구체적으로 살펴보는 것을 목적으로 했다. 이를 위해 순창 금과면을 포함한 인접 지역의 논매는소리를 분석하고 음악적 특성을 파악하고자 했다. 금과면에서 활용하고 있는 기본적 음악어법, 곧 토리가 어떻게 존재하고 있으며, 현재의 존재양상이 어떤 식으로 전개되어 형성되었는지 구체적으로 알아보고자 했다.

먼저 순창지역 논매는소리를 유형별, 지역별로 정리하여 분석했고. 구체적으로 순창지역 논매는소리의 유형은 어떠한 것들이 있으며, 또 유형에 따라 분포하는 악곡 수는 얼마가 되는지 살펴봤다. 전북지역 논매는소리는 총 266곡이 조사되었고, 순창은 전북에서 가장 많은 논매는 소리가 조사된 지역이었다. 순창은 농요의 전승과 활용 측면에서 전라북도에서 매우 중요한 위치를 갖는 지역으로 판단할 수 있었다.

다음으로는, 본격적으로 순창 금과들노래의 음악적 내역을 정리하고 분석하여, 이곳 논매는소리의 음악적 특성과 양상에 대해 논의하고자 했다. 금과면의 논매는 소리를 중심으로 주변 인접 지역의 동일한 악곡을 함께 분석하여, 금과면 논매는소리의 음악적 성격과 특성을 명확하게 드러내고자 했다.

금과면 논매는 소리의 주요한 특징은 크게 두 가지로 정리할 수 있었다.

첫째, 토리의 다양한 활용이다. 금과면의 방아소리는 외지의 노래인 방아소리가 갖고 있는 경토리적 특성을 대부분 따르면서, 한편으로는 육자배기토리의 일부 시김새의 요소를 받아들여 부분적으로 활용했다.

싸호소리 역시 토리활용의 다양성이 드러났다. 전북의 싸호소리는 육자배기토리가 중심이며, 전북지역의 자생된 노래로 봤을 때, 육자배기토리 중심의 싸호소리가 금과면과 팔덕면에서는 각각 남도경토리와 경토리로 활용되고 있는 점은 매우 특이한 점으로 파악했다.

둘째, 음역의 확대가 있다. 금과면의 논매는 소리는 싸호소리를 제외한 모든 곡들이 음역을 확대되어 활용되고 있음을 확인했다. 금과면의 방아소리는 도″-라′-솔′-미′-레′-도′-라-솔로 구성되며, 한 옥타브를 넘어서는 음역이 사용됐고, 금과면의 미나리와 연꽃타령도 한 옥타브를 넘어서는 음역으로 확대되어 활용됐다. 주변 팔덕면과 유등면의 논매는소리 역시 다수의 곡에서 음역의 확대가 이뤄졌음을 확인했는데, 금과면의 경우처럼 한 옥타브를 넘어서는 수준의 음역을 넓게 확대하는 모습은 보이지 않았다. 한 옥타브를 넘어서는 음악적 특성은 금과면 논매는 소리만 갖고 있는 이 지역의 대표적인 특성으로 볼 수 있다.

참고문헌

강재욱, 「전북지역 논매는소리의 분포와 토리 활용 양상」, 한양대 석사학위논문, 2011.
김성식 외, 『전북의 민요마을』, 전라북도도립국악원, 1998.
김익두 외, 『한국민요대전 - 전락북도민요해설집』, MBC, 1995.
김익두, 『전북의 민요』, 신아출판사, 1989.
김익두, 『한국민요의 민족음악학적 연구: 전북민요의 경우』, 서울: 민속원, 2012.
김헌선 · 김익두 외, 『임석재채록 한국구연민요』, 서울음반, 1995.
김혜정, 『남원지역 사람들의 삶과 노래』, 국립민속국악원, 2001.
서울 문화방송 편, 『한국민요대전-전라북도편』, 서울 MBC, 1995.
이소라, 『한국의 농요 5』, 현암사, 1992.
임미선, 「전북민요에 나타나는 경기, 동부민요적 음악현상」, 『정신문화연구』 제34권 2호, 한국학중앙연구원, 2011, 247-274쪽.
허소라, 『순창의 민요』, 금과들소리보존회, 2005.

한국민요의 무형문화재 지정 현황과 전북민요 문화재 지정의 문제점

허정주
전북대 농악/풍물굿연구소 책임연구원

한국민요의 무형문화재 지정 현황과 전북민요 문화재 지정의 문제점

Ⅰ. 서언

20세기 말 포스트모더니즘 이후, 오늘날의 세계문화는 서구 중심적 사고로부터 벗어나 탈제국의적이며, 다국적 사고의 상대주의적 사고로 커다란 전환이 이루어지고 있다. 이렇게 되자 세계문화는 각 나라/민족 혹은 공동체가 오랜 동안에 걸쳐서 이루어낸 상대주의적 문화의 '차이差異(distinctions)가 그 중심으로 들어서게 되었다.

세계문화는 이제 제국주의적 우월성보다는 탈제국주의적 상대성이 중심으로 들어서고, 이에 따라 문화평가의 기준도 어떤 절대적 우월성보다는 상대적 차별성이 지배하게 되었다. 이런 차별성에 따라 다양한 차이들이 세계문화의 중심 문제로 대두되기 시작하였다. 또한 이러한 문화적 '차별성'이 급속한 문화 정보산업의 혁혁한 발전과 연계되면서, 문화적 차별성은 문화 정보산업에 의해 이제 '지구상의 모래알만큼 많은' 양과 질의 문화정보로 축적되어 가고 있다.

이러한 문화-정보산업 발전의 제국주의적 문제점들이 나타나고 있는 것

또한 사실이지만, 어쨌든 21세기의 세계문화는 문화-제국주의에 기반한 제국주의적 우월성은 주변으로 밀려나고 다국주의적 차별성이 그 중심으로 들어서게 된 것만큼은 사실이다. 따라서, 이러한 21세기 세계문화 상에서 가장 중요한 것은 제국주의적 우월성이 아니라 탈제국주의적인 '상대적 차별성'이 가장 중요한 가치로 자리를 잡게 되고, 세계인들은 갈수록 이 서로 다른 '차이의 문화들'을 찾아 끊임없이 움직이고 있다.

이러한 현상을 다른 말로 하면, 21세기는 '문화의 상대적 차별성'이 지배하는 세기이며, 그렇기 때문에 '문화의 상대적 차별성'이 없는 사회와 공동체와 문화와 민족과 국가는 문화적으로는 소멸의 위기에 처하게 될 수도 있다는 얘기가 된다. 또한, 이러한 관점에서 보자면 오늘날의 세계문화 상에서는 다른 민족과는 다른 '상대적 차별성'을 가진 문화-콘텐츠들이 중심이 되며, 그러한 '차별성'을 다양하게 확보하는 일이 매우 중요하다는 말이 된다.

이런 관점에서 우리나라는 현재 커다란 문화적 위기에 봉착하게 되었다. 왜냐하면, 이런 '문화-다양성'은 지역적으로는 각 지역문화의 다양성과 차별성으로 확보되는 것인데, 현재 우리나라는 이대로 간다면 30년 안에 전국 전통마을의 절반 정도가 사라질 위기에 처해 있기 때문이다. 각 지역문화의 다양성과 차별성을 확보해온 것은 지역적으로 보면 오랜 동안에 걸쳐 각기 '다르게' 전개되어 온 수많은 마을-공동체들의 문화-차이만들기가 중요한 역할을 하여온 것이 사실인데, 이제 한 세대 안에 이런 문화-차이만들기의 기본 공동체들이 소멸한다는 것은 문화-다양성을 생산해온 문화 주체들의 절반이 소멸한다는 것이 되기 때문이다.

이러한 현 상황에서 우리에게 가장 시급한 것은 아직도 현장에 살아남아서 우리 문화의 다양한 '차별성'을 담보해주는 각 지역의 전통문화 실체들을 그것이 소멸되기 전에 조사 · 정리 · 기록하여 보존하고, 또 가능하면 하루빨리 무형문화재 등으로 지정 · 보호받아야만 할 심각한 문화적 위기에 처하게 되었다.

이 문제를 우리나라의 전통민요 분야로 시선을 좁혀서 전라북도의 민요 분야의 상황을 보면 그야말로 거의 소멸단계로 접어든 상태이다.

지금까지의 조사 · 정리된 자료들을 종합해 보면, 전북민요는 전국 그 어느 지역들보다도 다양하고 풍부하고 다양한 지역적 차이들이 나타나고 있다. 그럼에도 불구하고, 현재 문화재로 지정된 것은 순창 금과들소리 · 익산 삼기농요뿐이며, 그것도 겨우 지방문화재로 지정되어 있을 뿐이다. 그마저도 익산 삼기농요의 경우는 심각한 전승 위기를 맞고 있는 실정이다. 예상컨대, 이러한 현실을 이대로 방치해둔다면 아마 전북민요는 앞으로 거의 모두 소멸되고 말 것이다.

이러한 관점에서, 본고는 현재 소멸 직전의 위기를 맞고 있는 전북민요의 심각한 문제점들을 점검하고, 이로부터 도출되는 문제점들을 해결하기 위한 몇 가지 현실적 대안들을 찾아보는 데에 그 목적이 있다.

이를 위해, 본고에서는 먼저 전국의 민요 보존 상태를 무형문화재 지정 현황을 중심으로 살펴보고, 전북민요의 다양한 지역적 특성과 성격들을 정리한 다음, 앞으로 전북민요를 어떠한 방향으로 보존해 나아가야 할 것인가에 관한 몇 가지 대안들을 문화재지정 문제에 초점을 맞추어 제시하고자 한다.

Ⅱ. 한국민요 무형문화재 지정 현황

현재 국가무형문화재 155종목, 시도무형문화재 592종목이며 모두 747건이다. 이중 민요부문에서 국가무형문화는 11건, 시도무형문화재 104건으로 모두 115 종목으로 약 15.39.%를 차지하고 있다. 〈표 1, 2〉 참조.[1] 한국 민요 분야의 문화재 지정의 최근 현황을 살펴보면 다음 도표와 같다.

〈표 1〉 국가무형문화재

명칭	소재지	지정일
강강술래(세계인류무형문화유산, 2009)	전라남도 진도군	1966-02-15
선소리산타령	서울특별시	1968-04-19
서도소리	기타	1969-09-27
남도들노래	전라남도 진도군	1973-11-05
경기민요	경기도	1975-07-12
좌수영어방놀이	부산광역시 수영구	1978-05-09
밀양백중놀이	경상남도 밀양시	1980-11-17
고성농요	경상남도 고성군	1985-12-01
예천통명농요	경상북도 예천군	1985-12-01
제주민요	제주 서귀포시	1989-12-01
아리랑(세계인류무형문화유산, 2012)	기타	2015-09-22
계	11	

〈표 2〉 시 · 도무형문화재

지역	명칭	소재지	지정일
강원도 (9)	정선아리랑(아라리)	정선군	1971-12-16
	횡성회다지소리	횡성군	1984-12-28
	양구돌산령지게놀이	양구군	1999-07-31
	철원상노리지경다지기	철원군	2000-07-01
	속초도문농요	속초시	2007-02-23
	양양 수동골상여소리	양양군	2013-04-12
	양양 상복골농요	양양군	2013-04-12
	고성 어로요	고성군	2015-05-08
	강릉학산오독떼기	강릉시	1988-05-18

1 문화재청 무형문화재 현황 통계 자료 2023.

2 전라북도 공고 2023-1137호, 2023.06.16.

충청 · 대전 (12)	산유화가	충남 부여군	1982-12-31
	영동 설계리 농요	충북 영동군	1996-01-05
	진천 용몽리 농요	충북 진천군	2003-03-14
	들말두레소리	대전 대덕구	2002-12-30
	금산 물페기농요	충남 금산군	1992-08-17
	공주 봉현리상여소리	충남 공주시	1997-12-23
	공주 선학리지게놀이	충남 공주시	2004-04-10
	공주 의당집터다지기	충남 공주시	2013-03-11 2021-11-19
	부여 용정리상여소리	충남 부여군	1997-12-23
	결성농요	충남 홍성군	1996-11-30
	충주 중원마수리 농요	충주시	1994-12-30
	서천저산팔읍길쌈놀이	충남 서천	1991-07-09
서울 · 경기 · 인천 (21)	마들농요	서울 노원구	1999-12-07
	서울잡가	서울	1999-07-01
	바위절마을 호상놀이	서울 암사동	1996-09-30
	강화 용두레질소리	인천시 강화군	2003-11-10
	서곶들노래	인천시 서구	2008-12-10
	김포통진두레놀이	김포시	1998-04-06
	양주상여 · 회다지소리	양주시	1998-09-21
	양평상여 · 회다지소리	양평군	1998-09-21
	고양상여회다지소리	고양시	2017-06-16
	휘몰이잡가	고양시	1999-10-18
	경기소리(긴잡가)	과천시	2000-08-21
	파주금산리민요	파주시	2000-08-21
	포천메나리	포천시	2000-08-21
	평택민요	평택시	2009-03-19
	동두천민요	동두천시	2013-12-31
	화성팔탄민요	화성시	2022-05-20
	주대소리	인천 남동구	1992-05-29
	인천근해 도서지방 상여소리	인천 미추홀구	2006-01-23
	인천근해 갯가노래 뱃노래	인천 동구	1988-12-24
	경기12잡가	인천 미추홀구	2009-03-30
	휘모리잡가	인천 서구	2008-12-10

제주도 (10)	해녀노래	제주시	1971-08-26
	방앗돌굴리는노래	서귀포시	1986-04-10
	멸치후리는노래	제주시	1986-04-10
	제주농요	제주시	2002-05-08
	진사대소리	제주시	2005-10-05
	귀리겉보리농사일소리	제주시	2007-02-28
	제주시 창민요	제주시	2009-07-24
	삼달리어업요	서귀포시	2013-10-17
	제주도 영장소리(행상소리)	제주	2017-08-24
	제주도장소리(진토굿파는소리)	제주	2017-08-24
전북 (3)	익산목발노래	익산시	2012-04-27
	금과들소리	순창군	2005-03-11
	김제만경농요	김제시	2023.06.16. 인정 예고[2]
전남 · 광주 (18)	거문도뱃노래	여수시	1972-01-29
	남도노동요	함평군	1977-10-20
	진도만가	진도군	1987-08-25
	우수영부녀농요	해남군	1987-08-25
	장산도들노래	신안군	1988-12-21
	용전들노래	광주 북구	2014-07-24
	가거도멸치잡이노래	신안군	1988-12-21
	고흥한적들노래	고흥군	1996-10-14
	남도잡가	진도군	2001-09-27
	강진 신전들노래	강진군	2005-12-27
	조도닻배노래	진도군	2006-12-27
	무안상동들노래	무안군	2006-12-27
	담양 황금리 들노래	담양군	2009-12-31
	영암 갈곡리 들소리	영암군	2013-08-05
	화순 우봉리 들소리	화순군	2013-08-05
	화순 도장리 밭노래	화순군	2013-08-05
	광양 진월 전어잡이 소리	광양시	2013-12-19
	진도아리랑	진도군	2022-07-21

경북·대구 (12)	안동저전동농요	안동시	1980-12-30
	안동놋다리밟기	안동시	1984-12-29
	공산농요	대구 동구	1990-05-15
	예천공처농요	예천군	1986-12-11
	상주민요	상주시	1987-05-13
	달성하빈들소리	대구 달성군	2008-04-10
	동부민요	대구 서구	2016-03-10
	청송 추현상두소리	청송군	1997-03-17
	구미 발갱이들소리	구미시	1999-04-15
	자인 계정들소리	경산시	2005-07-28
	문경 모전들소리	문경시	2020-04-09
	영덕월월이청청	영덕군	2009-11-05
경남·부산·울산 (12)	거창상여디딜방아 액막이소리	거창군	2016-12-15
	함안 농요	함안군	2016-09-01
	거창 삼베일소리	거창군	1995-05-02
	거창 일소리	거창군	2004-10-21
	사천 마도갈방아소리	사천시	2004-03-18
	웅상농청장원놀이	양산시	2002-04-04
	구덕망깨소리	부산 서구	2001-10-25
	울산쇠부리소리	울산 북구	2019-12-26
	다대포후리소리	부산 사하구	1987-07-02
	수영농청놀이	부산 수영구	1972-10-20
	마산농청놀이	경남 창원시	1983-08-06 2021.11.19
	광려산숯일소리	창원시	2017-12-21
이북5도 (7)	평북농요	평안북도	2016-04-11
	돈돌날이	함경남도	1998-11-02
	애원성	함경북도	2005-06-01
	두만강뗏목놀이소리	함경북도	2007-06-11
	서도선소리산타령 놀량사거리	황해도	2009-08-26
	서도소리 산염불 · 난봉가	황해도	2009-08-26
	평안도 향두계놀이	함경남도	2009-08-18
계		104	
총계		115	

이상에서 정리해 본 우리나라 민요 분야 무형문화재 지정 민요들의 성격을 살펴보자.

첫째, 현재 민요 무형문화재 지역별 지정 현황을 보면, 강원지역 9(시도9), 서울 · 경기 · 인천 23(국가2, 시도21), 충청 · 대전12(시도12), 전북 3(시도3), 전남 · 광주 20(국가2, 시도18), 경북 · 대구 13(국가1, 시도12), 경남 · 부산 · 울산 15(국가3, 시도12), 제주 11(국가1, 시도10), 이북5도 7(시도7), 기타 2(국가2) 등으로 나타난다. 국가지정11건 시도지정 105건으로 모두 115종목이다. 전남, 제주, 경북, 서울 · 경기, 강원 등, 이 지역들은 민요 무형문화재를 비교적 월등히 많이 지정해 놓고 있다. 가까이 전남만 보더라도 20(국가2, 시도18)를 지정해 놓고 있으며, 전남지역 거의 모든 시군에서 1종목 이상의 민요를 지정했다고 봐도 무방할 정도이다. 타 지역도 대부분 10여 건 이상을 민요를 지정하고 있는 것으로 파악된다.

둘째, 이에 비해, 전북지역은 단 2건, 그것도 시도지정 문화재만을 단 2건 지정해 놓고 있을 뿐이다. 자타공인 '소리의 고장 전북'이라고 할 수 있을지 의문이다. 이러한 사실은, 다음 장에서 살펴볼 전북민요의 지역적 다양성 및 복합성에 비추어 볼 때, 과소 지정임을 파악할 수가 있다.

셋째, 어업노동요, 상여소리, 회다지소리, 베짜는소리 등을 제외하면, 나머지 거의 모두가 들소리/농요이다. 이 지정 민요들의 성격을 노동요가 중심을 차지하고 있으며, 그 중에서도 농업노동요가 중심을 차지하고 있다. 이러한 특성은 우리나라 민요의 중심이 노동요에 있고, 전국에서 논일노래가 그 중심을 차지하고 있다는 것을 보여주는 것이며, 논일노래가 그 지역적 특성과 차이를 가장 대표적으로 답지하고 있다는 의미로도 볼 수 있다.

다음 장 〈표 4〉의 전국민요 기능별 한국민속예술축전 참가 횟수 목록표를 참조해 보면, 전국적으로도 농업노동요가 압도적으로 많음을 알 수 있다.

Ⅲ. 전북민요 문화재 지정과 관련한 몇 가지 주요 사례 검토[3]

앞의 2장에서 살펴본 바와 같이, 현재 무형문화재로 지정된 전북민요는 국가 지정은 1건도 없고 시도지정(예고 포함) 단 3건뿐이다. 이러한 현실은 앞서 언급한 전북민요의 '문화-다양성'에 비추어 볼 때 불합리하고 잘못된 것이다.

그나마 현재 지정되어 있는 2건을 구체적으로 살펴보면 다음과 같다. 먼저 1건은 순창군 금과면의 '금과들소리'(보유자 : 이정호(1940-2017), 전라북도 시도무형문화재 제32호(2007. 08. 03.))로, 〈물품고 모찌는소리〉, 〈모심는소리〉, 〈이슬털이〉, 〈호무질소리〉, 〈연꽃타령〉, 〈만두레 사호소리〉, 〈장원질소리〉 등이다. 이 문화재 지정은 대체로 큰 문제점은 보이지 않는다.

다른 1건은 익산시 삼기면 오룡리에 전승되는 이른바 '익산목발노래'이다. 이 노래들은 〈산타령〉, 〈등짐노래〉, 〈지게목발노래〉, 〈작대기타령〉, 〈둥당기타령(일명 꿩타령)〉, 〈상사소리〉 등이다. 이것들은 전승 현장에서 조사 정리된 그대로가 아니라, 1971년 당시 전국민속경연대회에 참가하기 위해 박갑근 옹에 의해 재구성된 것이라고 할 수 있다. 이 일련의 노래들은 1973년 전라북도 무형문화재 1호로 지정되었고, 1984년 박갑근님은 전라북도 무형문화재 보유자가 된다.[4] 그리고 박갑근 옹이 사망하자 단절(2005

3 본 필자가 2017년 학술논문으로 발표한 「전북민요의 지역적 특성과 무형문화재 지정 문제」, 『한국민요학』 49, 한국민요학회, 2017, 249-278쪽 내용 일부 발췌 인용함.

년)되었다가, 2012년에 다시 재지정 된다. 지정, 해제, 재지정 되는 이런 일련의 과정에서 많은 손실이 있었을 것이다. 이런 면에서 '익산목발노래'는 다시 '익산삼기농요' 혹은 '익산 삼기 들소리'로 다시 명칭을 개정하고, 다시 재정리와 재정비를 거쳐야 할 것이다.

그렇다면 전북지역에는 그렇게도 지정할 만한 민요 분야의 종목들이 없었는가 살펴볼 일이다. 한국민속예술축전에 참가했던 기록을 그 사례로 들어 보면, '김만경외애밋들노래', '금과들소리/순창농요', '옥구들노래', '익산삼기농요/익산목발노래', '임실들노래/임실삼계농요/말천방농요','태인민요'등이 참가했다. 참가 종목 모두 '농업노동요'였다는 점인데, 더 다양한 종목들이 전북지역에 산재해 있음은 주지의 사실이다.

따라서 이 장에서는 현재 무형문화재로 지정되지는 않았지만, 앞으로 지정될 필요가 있는 몇 가지 주요 사례들을 살펴볼 것이다.

필자는 지난 2016년『한국민요학』47집에 김제 지역에 전승되는 '외에밋들노래'에 대한 연구[5]를 발표한 바 있고, 현재 '김제만경농요'를 명칭으로 하여 '(사)김만경외애밋들노래보존회'가 보유단체로 올해 2023년 6월16일 전라북도 무형문화재 종목지정 및 보유자(보유단체) 인정 예고[6] 되었다. 따라서 이 종목은 예외로 한다. 기존 선행 연구 및 현장 연구를 바탕으로 몇몇 무형문화재 지정 가능성이 있는 곳에 대하여 논하고자 한다.

---

4 김대성, 「땅밟기 : 현장음악 연구 : 전북익산민요연구」,『민족음악의 이해』4권, 민족음악연구회, 1995, 355-421쪽.

5 허정주, 「전북 김제농요 '외에밋들노래'의 지역적 위상과 가치」,『한국민요학』47집, 한국민요학회, 2016, 269-296쪽.

6 전라북도 공고 2023-1137호 2023.06.16.

전북 남서부지역은 전남지역과 인접한 지역으로서, 지역 나름의 독특한 민요들을 형성하고 있다. 특히 '선입후제창先入後齊唱(먼저 한 사람이 선창하면 나머지 사람들이 그 뒤를 이어서 제창을 하는 가창방식)'이라는 가창방식의 노동요와 제창방식의 노동요가 적절하게 조화를 이루면서, 전북지역에서 가장 다양한 가창방식의 전승을 보여주는 지역이다. 즉 임실군 삼계면 두월리, 순창군 팔덕면 월곡리 및 순창군 유등면 건곡리(한국민요대전 참조), 남원시 대강면 및 남원시 아영면 등[7]의 논농사 노래들은 이러한 지역적 특성들을 잘 보존하고 있는 곳이다. 이중에서 특히 지금도 그 전승이 끊어지지 않은 임실군 삼계농요를 살펴보자.

1. 임실 삼계농요

임실군 삼계면 두월리에 전승되는 농요는 동부산악지역과 서부 평야지역의 중간에 위치한 지리적 특성을 지니고 있는 데 기인하여, 그 민요의 특성은 메나리토리와 육자배기 토리의 중간 형태인 다양한 중간토리가 많다.[8]

삼계농요는 1973년 전국민속경연대회에 '임실들노래', 1976년 '임실 삼계농요', 1979년에는 '말천방농요'라는 팀으로 출전하는 것으로, 경연대회에 3차례 참여한 이력이 있다. 2015년 1월 16일 두월리에서 시연이 있었는데 그 시연 내용은 문열가, 방아타령, 연계타령, 싸호소리, 산타령 등으로

7 김혜정, 『남원지역 사람들의 삶과 노래』, 국립민속국악원, 2001; 『MBC 한국민요대전』, 전라북도편, 1995 참조.

8 이보형, 「임실군 삼계면 두월리 농요의 특성」, 『2015 한국민요학회 전국학술대회 자료집』, 145-155쪽.

구성되었으며, 민속경연대회용 버전으로 전승되고 있고 앞으로 최대한 복원 계획을 가지고 있다고 한다.[9]

이 마을의 농요 복원은 마을 주민들의 '자기-문화적 정체성'과 그에 대한 자발적인 인식과 자각[10]이 있었기에 가능했다.

이러한 마을 주민들 곧 전승주체들의 자각의 중심에는 바로 이 마을 성인 여성들의 자발적인 문화적 자각 의식이 있었다. 조사 당시 현장에서 복원 작업에 적극 참여하고 있는 여성 주민들의 말 중에, "이런 노래를 잘 배워서 우리 마을에 이런 좋은 노래가 있다는 것을 후손들에게 잘 알려 물려주고, 또 전국의 국민들에게도 자랑하고 싶다."고 한 말은 이러한 마을 주민들과 전승주체들의 분명한 자각을 보여주는 단적인 증거였다.[11]

그러나 "마을 주민들이 처음부터 자발적 참여한 것은 아니고, '농촌 슬로우공동체 조성 사업'을 진행하면서 이 사업을 추진하는 과정에서 '농요'는 마을의 공동 화제가 되었고, 공동체적 감각을 진작시키는 결과를 가져왔다"[12]는 것이다. 이런 사업을 계기로 마을 주민들이 '농요'를 상기하고 공동 화제로 삼아서 민속학자나 문화 권력자들의 개입 없이 주민들의 자발적이고 주체적으로 참여하고 복원하는 행위 그 자체만으로도 큰 의의를 지닌다고 본다. 현장성이 사라진 농요에 있어서는 특히 그렇다. 사라진 문화에서 그 문화의 변화 방향은 공시적으로 '자력적 지역성'과 '타력적 종속성'으로 나타난다고 한다. 자력적 지역성은 지역 주민들 스스로 선택하고 결정하여

9 이보형, 위의 글, 148쪽.

10 김익두, 「지역민요의 지속과 변이에 나타난 몇 가지 문제들과 그 현실적 가능성 - 임실군 '삼계농요'의 경우를 중심으로」, 『2015 한국민요학회 전국학술대회 자료집』, 170쪽.

11 김익두, 위의 글, 170쪽.

12 양옥경, 「근래 문화재 관련 정책 동향과 '활용주의' 대두 현상에 관한 고찰」, 『한국민요학』 47집, 2016, 128-129쪽.

지역 단위로 같은 방향의 문화적 변화를 보이는 경향이며, 타력적 종속성은 지역 주민들의 의사와 상관없이 상위 집단의 풍조에 따라 지역문화가 획일적 변화를 보이는 경향이다.[13]

2. 군산시 대야면 탑동 들노래

군산시 대야면 탑동마을의 들노래는 1974년 제15회 전국민속경연대회에서 '옥구들노래'로 참가하여 단체상과 개인상(고판덕)을 받으면서 널리 알려졌다. 모심기소리로 '상사소리' 김매는소리로 '만경산타령', '오호타령(방아타령)' '자진산타령', '싸오소리(에양소리)' 등이 있다.[14]

이 지역은 옛날 호남지방과 중부 · 북부 지역을 오가는 길목에 위치하여, 이 교통 경로를 통해서 이동된 민요의 '전파'와 '영향'과 '변이'를 확인할 수 있는 점이 이 지역 민요의 중요한 특징이다. 특히, 이 지역의 노동요(논일노래)는 토착 민요이면서도 북부 서도지역 민요의 음악어법을 수용하여 매우 독특한 변이를 일으킨 실상을 살펴볼 수 있다. 이러한 북부 서도민요가 호남민요에 끼친 영향은 교통 경로를 따라 전북 군산, 정읍을 거쳐 임실, 순창지역까지 나타나고 있다. 특히, 서도지역 '아마꾼들' — 말을 끌고 다니는 사람들 — 에 의한 민요의 전파가 나타난다.[15]

---

13 임재해, 「동제문화의 지역적 변화와 이면적 지속성의 변증법적 인식」, 『실천민속학연구』 제27호, 2016, 11쪽.

14 임미선, 「전북민요에서 나타나는 경기, 동부민요적 음악현상」, 『정신문화연구』 제34권 2호, 2011, 253쪽.

15 2009, 한국민속학회 비지정무형문화유산 실태조사, 조사자 : 김익두 · 허정주.

3. 도서지역 민요

앞서 말했듯이 전북 서해안지역에는 즉, 식도 · 왕등도 · 비안도 · 무녀도 · 선유도 · 말도 · 비응도 · 개야도 · 어청도 · 위도 등의 도서지방은 '섬토리'라 부를 만큼 다양하고 역동적인 민요가 전승되는 지역이다. 대부분이 어업을 주생업으로 하나, 해안지역에서는 농업이 이루어지도 하며 어업노동요가 지배적이다.

이중 그동안 조사된 지역을 중심으로 살펴보면, 위도면 대리에 전해지는 '배치기소리', '그물당기는소리(술비소리)', '고기퍼담는소리(가래질소리)', '줄꼬는소리', '주메고가는소리(에용소리)' 등이 전해온다. 이는 '위도띠뱃놀이'[16]에서 일부 전승되고는 있으나, 국가중요무형문화재로 지정 되었음에도 불구하고, '놀이' 혹은 '굿' 중심으로 전승되다 보니 노래에 대해 소홀하다. 도서지역 민요의 연행양상은 우선 시가를 융합하고, 다음 시가무를 융합하며, 끝으로 시가무와 놀이를 결합하는 것이라고 한다.[17] 그러나 현재 위도띠뱃놀이는 '시가' 보다는 '놀이'중심으로 전승되는 듯하다. 최근 연구에서 "세습무는 단절된 상태이나 이수자나 다른 지역의 무속인들의 참여로 전승단절은 벗어나려는 노력은 하고 있지만, 노래는 전승력이 급격히 약화된 실정으로 이에 대한 전승대책방안이 필요하다"[18]고 논하고 있다. 이처럼 전북지역의 도서지역 민요에 대한 전승대책은 전무하다고 볼 수 있으며, 이곳 도서지역에 전승되는 민요에 대한 별도의 보호 전승대책을 강구해야

---

16 2009.1.27-28 현지조사.

17 홍순일, 「도서 · 연안지역 민요공동체의 성격과 민요의 연행양상」, 『한국민요학』 제22호, 2008, 398쪽.

18 유영수 외, 「중요무형문화재 제82-3호 위도띠뱃놀이 전승 · 보존 현황 및 방안」, 『한국무용연구』 33권2호, 2015, 199-200쪽.

한다고 생각한다.

4. 각 지역 상여소리

2008-13년, 5년에 걸쳐 〈한국구비문학대계 개정증보사업〉으로 전라북도 무주군, 진안군, 익산시, 김제시, 전남 곡성군의 현지조사[19]를 한 결과, 동북부 산간지역의 상여소리는 대체로 '어-화홍 어 화홍'이란 후렴구를 공통소리로 가지고, 주로 '회심곡'의 사설을 본가사로 많이 활용하는데, '달구소리'가 존재하는 '상여소리군'이라는 특징이 있다. 이 지역은 이른바 '호남좌도' 북부지역에 해당한다. 이 무형문화재도 전승 현장의 쇠락으로 인하여 사라질 위기에 놓여 있어 그 보호가 요구되고 있다.

상여소리는 이 지역에만 해당하는 것은 아니다. 적어도 동부산간지역, 서부평야지역, 서해도서지역 등의 구분은 고려 되어야 할 것이다. 여기서 중요한 것은 지역에 따라 달라지는'지역적 차이'에 있고, 이에 따라 선별 · 지정해야 할 것이며, 주요 선별 지표는 곡조와 후렴의 차이에 있다. 물론 선후창 민요 가운데 상여소리는 창자의 음악적 능력과 기억력, 창의력에서 다른 선후창 민요의 창자에 비해 전문성이 더욱 요구[20]되기 때문에 전승자/보유자 선정문제에 있어서 각별한 주의가 필요하기도 하다. 문화재 지정 목록표에서 보았듯이 타 시도의 상여소리가 지정되는 경우가 상당하기 때문에 적극 발굴 · 복원할 필요가 있다. 실제로 임실군 삼계면에서 시연하고 있는 사례도 있기 때문에 가능성이 크다고 보여진다.

---

19 한국구비문학대계 개정증보사업 2008-2013 : 전북 무주군, 진안군 익산시, 김제시, 전남 곡성군.

20 정한기, 「상여소리의 구성과 죽음의식에 대한 연구」, 『한국 민요의 미학』, 박이정, 2015, 11쪽.

이러한 사례를 일일이 열거할 수 없는 지면상의 한계 때문에 추가적으로 간략히 아래 〈표 3〉을 작성하여 둔다. 그 내용을 참고하기 바란다.

〈표 3〉 전북지역 민요분야 비지정무형문화재

구분	내용
① 동부산지권역 논일 · 밭일노래	(논일노래) 전북 동북부-산간권만에만 존재하는 우리나라 동부-메나리토리 논일노래/모심는소리/정자소리로서, 후렴 없이 주고받는 교환창 노동요의 독자적인 특징을 보유하며, 모심는노래 기능의 다양한 가사들이 전승됨.
	(밭일노래)전북 동북부-산간지역에만 존재하는 우리나라 동부-메나리토리 밭일노래/밭매는노래로서, 후렴 없이 주고받는 교환창 노동요의 독자적인 특징을 보유하며, 밭매는노래 기능의 다양한 가사들이 전승됨.
② 진안군 마령면 평지리 원평지마을 들소리/농요	전북 북동부-산간권과 전북 남동부-산간분지권 및 북서부-평야권 사이의 중간지대에 속하는 지역의 특이한 지역적 변이를 보여주는 지역의 들소리/논일노래/농요로서, 모심논소리/상사소리 · 논매는소리로서의 산타령 · 양산도 · 방개타령 · 싸오소리 · 뚜름마타령, 장원례소리로서의 섬마타령 · 매화타령 등이 전승되는 특이한 산간지역 들소리이다.
③ 무주군 적상면 치목마을	베 짜며 부르던 노래 : 베틀노래 등[21]
④ 임실군 삼계면 두월리 말천방들노래	임실군 삼계면 두월리에 전승되는 농요는 동부산악지역과 서부 평야지역의 중간에 위치한 지리적 특성 메나리토리와 육자배기 토리의 중간 형태인 다양한 중간토리 명칭: '임실들노래', '임실 삼계농요', '말천방농요' 소리: 문열가, 방아타령, 연계타령, 싸호소리, 산타령,질꼬내기 등으로 구성
⑤ 군산시 대야면 죽산리 탑동마을 들소리/농요	전북 서북부-평야권의 대표적인 지역민요로서, 동부-메나리토리 · 남부-경토리 · 남도-육자배기토리 등의 영향을 받아, 산유화조의 독특한 변이를 일으키는 지역의 들소리로서, 모심는소리/상사소리, 논매는소리로서의 맹경산타령 · 오호타령/방아타령 · 자진산타령/산아지타령 · 싸오소리(에얍소리) 외얍소리/몬돌이소리 등이 다양하게 전승되고 있어서, 서북부-평야권 들소리의 대표적인 민요이다. 명칭: '옥구들노래'
⑥ 부안군 위도면 대리마을 고기잡이소리/어업노동요	전북 서부-해안도서권의 대표적인 지역민요로서, 독특한 섬토리가 나타나는 소리로서, 그물 당기는 슬비소리 · 자진슬비소리 · 배치기소리 · 긴가래질소리 · 자진가래질소리, 그리고 줄놀이소리로서의 에용소리 등이 다양하게 나타나고 있다.

⑦ 고창군 해리면 사반리 사반리 미산 · 각동마을 들소리/농요 및 고기잡이소리/어업노동요	전북 서남부-해안지역, 육지부와 도서지역의 경계지역 소리로서, 모심논소리/상사소리, 논매는소리로서의 진소리 · 잘룬소리, 그리고 어업노동요로서의 그물 당기는 소리로 어기야하소리 · 술배소리 등이 독특하게 나타나고 있다.
⑧ 고창군 고수면 두평리 구암마을 들소리/농요	전북 서남부-산간평야지역, 전북-전남 경계지역의 독특한 민요권 지역 소리로서, 모심는소리, 논매는소리로서의 무니가 · 메도지기 · 진두룸박 · 잘룬두름박 · 장원질소리/아롱저롱 등이 독특하게 나타나고 있다.
⑨ 지역 상여소리	전북민요권 5개 지역 전체에 걸쳐서 고려해야 함. 적어도 동부산간, 서부평야, 서해도서 지역 등으로 구분되어야 함
⑩ 전주 계룡리 합굿 들노래	민속놀이 분야로 무형문화재 지정받다. 농업노동요가 부각되지 못한 점이 있다.

Ⅳ. 한국민속예술축제와 전북민요의 문화재 지정 문제

그동안 한국민속예술축제(구 전국민속예술경연대회)에 참가했던 민요 출품작을 살펴보면 172개이다. 구체적으로 종목의 기능별로 파악해 보면, 농업노동요 90개, 어업노동요 25개, 기타 노동요 33개, 의식요 16개, 유희요 잡가 28개로 나타났다.[22] 한국민속예술축제에 출전한 제주도 지역의 민요만을 보더라도 〈검질메는노래〉 외 총 27종목[23]이 참가했다. 이렇듯 많은 지역의 민요들이 한국민속예술축제에 참가하고 있는 것을 파악된다. 아래 〈그림 1〉과 〈그림 2〉에서 보듯이 민요는 한국민속예술축제에 민속놀이 다

21 김익두 · 김월덕 · 허정주 · 백은철, 『한국구비문학대계 - 전라북도 무주군편』, 역락, 2013.(2008-2013년 구비문학대계 개정 증보사업으로 민요 현지조사 당시 치목마을에서는 베를 짜며 부르던 노래를 불러주었다. 현재는 '삼베짜기' 전라북도 무형문화재로 2022년 8월 19일 지정되었다.)

22 김혜정, 「한국민속예술축제와 문화재 지정을 통한 향토민요의 공연 양상과 과제」, 『한국민요학』 제65집, 83-84쪽.

23 김혜정, 앞의 논문, 82쪽.

음으로 많이 참가하고 있다.

한국민속예술축제에 참가했던 민요 종목들이 무형문화재 지정으로까지 연결되어 있다[24]는 것을 확인할 수 있으며, 민속놀이 다음으로 민요 종목이 많이 지정되고 있다는 점도 볼 수 있다. 특히 시 · 도무형문화재 지정에서는 민요가 40.7%로 나타났는데, 민속놀이 33.3%를 앞서는 수치이다. 게다가 민속놀이에는 상당수 민요가 포함되어 있다는 점도 간과할 수 없는 부분이다. 이러한 점에서 보면 민요는 우리나라 민속예술에서 매우 중요 위치를 차지하고 있을 뿐만 아니라 민요를 빼놓고 전통공연예술을 말할 수 없을 것이다.[25]

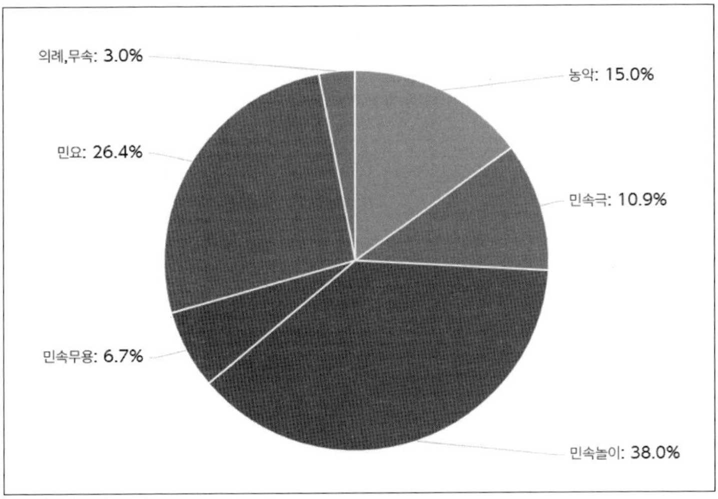

〈그림 1〉 한국민속예술제 종목별 참가 현황

24 이와 같은 구체적인 내용은 김혜정, 앞의 논문을 참조 바람.

25 허정주, 「발트국가의 인류무형문화유산 '노래와 춤의 축전'을 통해서 본 한국 민요의 전승 방향」, 『한국민요학』 제68집, 한국민요학회,78-79쪽.

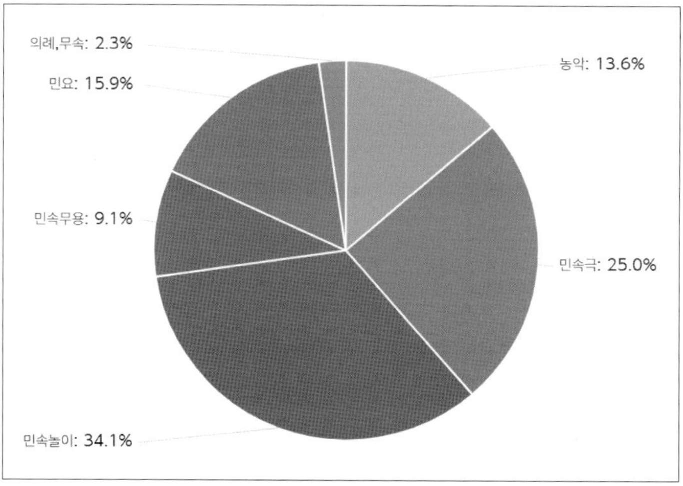

〈그림 2〉 한국민속예술제 참가 종목이 무형문화재 지정되는 비율

이렇듯 다양한 민속 중에서 민요의 경우 한국민속예술축제에 상당히 많은 단체가 참여해 왔다. 초창기는 참여가 저조하였지만 해가 거듭될수록 그 비율이 높아지고 어느 시점에 저조하다가도 다시 높아져 일정 비율을 유지해 왔음을 알 수 있다. 근 몇 년 사이에 줄어들고 있는 양상을 보이고 있으나, 문화재 단체와 기존 수상단체에 재출전의 기회를 주고 있으므로, 우리 전북 지역에서 다시금 민요 부흥에 대한 재정립을 확고히 해야 할 것이다.

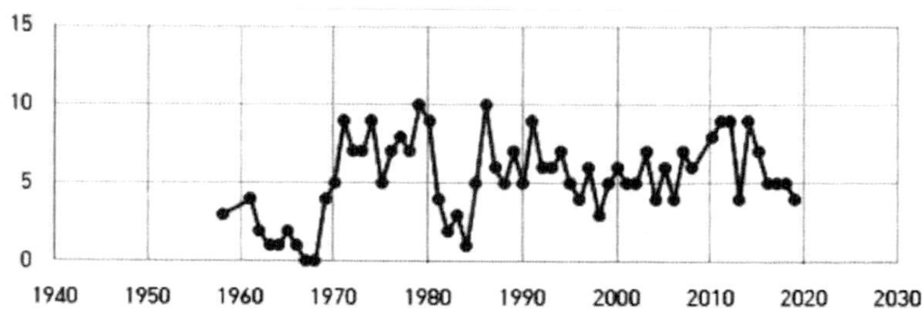

〈그림 3〉 한국민속예술제 민요 종목 출전 추이[26]

또한 다른 지역과 비교해 보아도 전북지역의 민요단체들이 지난 한국민속예술축제에 민요종목 출전 횟수가 결코 적다고 할 수 없다. 아래 〈그림 4〉에서 보듯이 한국민속예술축제 제60회차까지 전국 지역별 출전 현황을 보면 전북은 출전 횟수와 종목수가 10여 건 이상으로 파악된다. 그렇다면 최소한 지금쯤 전북지역에 민요의 중요성과 가치를 인식했더라면 10여 개 이상이 민요 관련 문화재 지정이 되어 있어야 했었을 것이다. 그러나 현실은 겨우 2-3개 뿐인데, 무엇이 문제인지 되돌아보아야 한다.

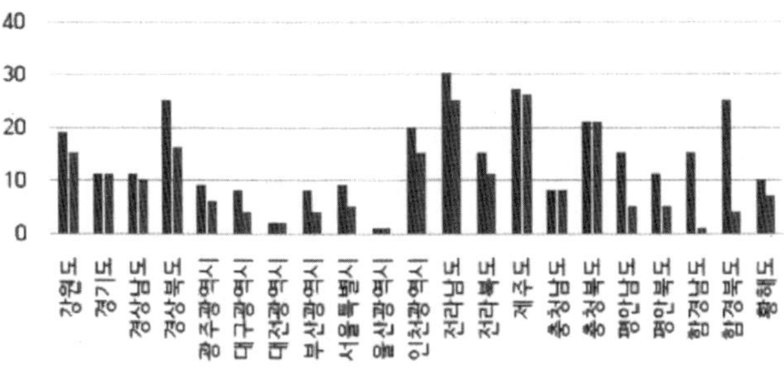

〈그림 4〉 전국 지역별 한국민속예술제 민요 종목 출전 현황[27]
좌(左):출전 횟수, 우(右): 종목 수

한국민속예술축제에 출전하지 않고 문화재로 지정된 사례는 전국 10여 개에 불과하다. 그렇다면 현재 대부분의 문화재로 지정된 민요는 90%가 한국민속예술축제에 출전했다는 것이다. 한국민속예술축제는 마치 (민요) 무형문화재 지정을 받기 위한 등용문인 것과 같은 것이다. 한국민속예

26 김혜정,「한국민속예술축제와 문화재 지정을 통한 향토민요의 공연 양상과 과제」,『한국민요학』 제65집, 2022, 75쪽.

27 김혜정, 위 논문, 78쪽.

술축제에 참가했던 단체들이 출전 당시 사용했던 명칭과 횟수 등을 보면, 동일 종목인데 명칭을 바꿔가면서 참가한다는지, 한 번에서 많게는 네다섯 번에(이북5도의 경우를 제외하고) 걸쳐 참가하는 등 출전 양상도 다양하다. 기능요별로 보면 앞서 언급했듯이, 노동요가 제일 많으며, 그중에서 농업노동요가 압도적으로 많음을 알 수 있다. 〈표 4〉에 기능별 분류와 출전 내용을 정리해 두었으니 참고 바라며, 참가한 단체가 문화재로 지정되어 바뀐 명칭도 파악할 수 있을 것이다.

〈표 4〉 전국민요 기능별 한국민속예술축전 참가 횟수 목록표[28]

기능	명칭	한국민속예술축제 출전 명칭 및 회차	국가/시도 지정번호
농업 노동요	남도들노래	진도들노래(12) 나주들노래(15)	국가51호
	고성농요	고성농요(19, 20)	국가84-1호
	예천통명농요	예천통명농요(20)	국가84-2호
	화성팔탄민요	화성두레농요(28)	경기65호
	마들농요	마들농요(37, 41, 49, 51)	서울22호
	김포통진두레놀이	김포두레농요(28)	경기23호
	파주금산리민요	파주 금산리 두레놀이(44)	경기33호
	포천메나리	포천메나리(46)	경기35호
	강화 용두레질소리	강화 용두레질노래(27, 60)	인천12호
	서곶들노래	서곶들노래(47)	인천18호
	평북농요	평북농요(59)	평북4호
	들말두레소리	목상동 들말두레소리(37)	대전13호
	산유화가	산유화가(17)	충남4호
	금산 물페기농요	금산 물페기농요	충남16호
	결성농요	홍성 결성농요	충남20호

28 김혜정, 위의 논문, 79-81쪽을 참조하여 추가 보완 및 재구성함.

영동 설계리 농요	영동설계리농요 및 단동농요(16)	충북6호
진천 용몽리 농요	생거 진천 농요(41)	충북11호
강릉학산오독떼기	강릉오독떼기(12)	강원5호
속초도문농요	속초도문메나리농요(44)	강원20호
양양 상복골농요	양양 상복골농요(27)	강원26호
제주농요		제주16호
진사대소리	검질메는노래(19)	제주17호
귀리겉보리농사일소리	귀리겉보리농사일소리(46)	제주18호
용전들노래	용전들노래(40)	광주22호
남도노동요	함평농요(21)	전남5호
우수영부녀농요	우수영부녀농요	전남20호
장산도들노래	장산도들노래(23)	전남21호
고흥한적들노래	고흥한적들노래(30)	전남30호
강진 신전들노래	강진군동두레농요(39)	전남38호
무안상동들노래	무안들노래(43)	전남41호
담양 황금리 들노래	담양들노래(26)	전남46호
화순 도장리 밭노래		전남51호
화순 우봉리 들소리		전남54호
영암 갈곡리 들소리	갈곡들소리(45)	전남53호
익산목발노래	익산목발노래(13)	전북1호
금과들소리	금과들소리(42, 43, 60)	전북32호
공산농요	공산농요(30, 31)	대구7호
달성하빈들소리	달성하빈들소리(45, 46)	대구16호
안동저전동농요	안동논매기(10, 14)	경북2호
예천공처농요	예천공처농요(26, 33)	경북10호
상주민요	상주모내기(6, 7, 27, 30)	경북13호
구미발갱이들소리	구미 발검들들노래(32)	경북27호
자인 계정들소리	계정들소리(38)	경북31호
수영농청놀이	수영농청놀이(27, 56)	부산2호
마산농청놀이	마산농청놀이(24, 29)	경남6호

	거창일소리	거창일소리(44)	경남30호
	함안농요	함안농요(53)	경남39호
	웅상농청장원놀이	웅상농청장원놀이(40)	경남23호
어업 노동요	좌수영어방놀이	좌수영어방놀이(14)	국가62호
	인천근해 갯가노래 뱃노래	강화시선뱃노래(18, 22) 서해안일노래(28, 38)	인천 3호
	두만강뗏목놀이소리	두만강뗏목놀이소리(27, 47, 48, 55, 56, 57, 59)	함북2호
	고성 어로요	고성명태소리(53) 동호리 멸치후리기(57)	강원27호
	해녀노래	해녀뱃노래(12) 동김녕리해녀노래(30)	제주1호
	멸치후리는노래	멸치후리는노래(17)	제주10호
	삼달리어업요		제주21호
	거문도뱃노래	거문도뱃노래(11, 20)	전남1호
	가거도멸치잡이노래	가거도멸치잡이소리(27)	전남22호
	조도닻배노래	조도닻배놀이(35)	전남40호
	광양진월전어잡이소리	전어잡이시연(54)	전남57호
	다대포후리소리	다대포후리소리(28, 54)	부산7호
기타 노동요	주대소리	인천주대소리(29, 30, 31)	인천5호
	서천저산팔읍길쌈놀이	산팔읍길쌈놀이(27, 28)	충남13호
	공주 의당 집터다지기	의당 집터다지기(49)	충남45호
	철원상노리지경다지기	상노리지경다지기(40, 41)	강원9호
	방앗돌굴리는노래	방앗돌굴리는노래(21)	제주9호
	구덕망깨터다지기	구덕망깨터다지기소리(35, 38, 40, 55)	부산11호
	거창 삼베일소리	거창삼베일소리(34)	경남17호
	사천 마도갈방아소리	마도갈방아소리(43)	경남28호
	광려산숯일소리		경남43호
	울산쇠부리소리	울산쇠부리소리(58, 62)	울산7호
의식요	바위절마을 호상놀이	바위절마을 호상놀이(31,35)	서울10호
	양주 상여 · 회다지소리		경기27-1
	양평 상여 · 회다지소리		경기27-3

	고양 상여회다지소리		경기27-4
	인천근해 도서지방 상여소리	인천근해도서지방상여소리(39)	인천16호
	부여 용정리상여소리	부여용정리 호상놀이(33)	충남22호
	공주 봉현리상여소리	공주달공소리(37)	충남23호
	횡성회다지소리	횡성회다지소리(25)	강원4호
	양양 수동골상여소리	양양군수동골상여소리(51)	강원25호
	제주도 영장소리	서천꽃밭 영장소리(61)	제주22호
	진도만가	진도만가(19)	전남19호
	청송 추현상두소리		경북26호
유희요·잡가·복합구성	강강술래	강강술래(1, 2, 4, 16, 17)	국가8호
	아리랑		국가129호
	안동놋다리밟기	놋다리밟기(1, 15, 16)	경북7호
	진도아리랑	진도아리랑(4)	전남63호
	정선아리랑	정선아리랑(1, 11, 19, 21)	강원1호
	영덕월월이청청	월월이청청(44)	경북36-1호
	돈돌날이	돈돌날이(32, 33, 35, 36, 38, 42, 44, 46, 47, 48, 49, 53, 54, 55, 56)	함남1호
	평안도 향두계놀이	향두계놀이(7, 12, 14, 16, 22, 54, 60)	평남2호
	제주시 창민요		제주20호
	동부민요		대구19호
	선소리산타령	선소리산타령	국가19호
	서도선소리산타령 놀량사거리		황해도3호
	애원성	애원성	함북1호
	제주민요	아웨기와 흥애기소리(27)	국가95호
	서도소리		국가29호
	평택민요		경기48호
	동두천민요	동두내두레소리(52)	경기55호
	거창상여디딜방아 액막이소리	거창상여디딜방아 액막이소리(56)	경남40호
	밀양백중놀이		국가68호

그러면, 여기서 전라북도 민요 분야 무형문화재 지정의 전반적인 문제점들을 지적해 보면 다음과 같다.

첫째, 앞장들에서 살펴본 바와 같이, 전북지역 민요 특히 노동요는 각 5개의 지역별로 각기 서로 다른 독특한 지역성과 지역적 특성들을 가지고 있어서, 적어도 5개 민요권별로 한두 가지씩의 민요 무형문화재가 지정 보호되어야만 하는데, 단 2, 3지역의 문화재 지정 및 예고에 그치고 있고, 그것도 제대로 학술적 고증과 연구 등 정비가 되지 않은 채로 지정된 경우도 있다.

둘째, 앞장에서 논의한 바와 같이, 전북지역 민요 중에는 동부-산간권, 서남부-평야권, 서부-해안도서권 민요도 각기 다른 차별성을 가지고 있는데, 이 지역 민요들은 단 한 건도 문화재로 지정되지 못하고 있다.

셋째, 경계지역 예컨대 앞서 논의한 5개 민요권들 사이의 경계지역에서 나타나는 독특한 경계지역적 변이 상태를 보여주는 민요들이 나타나는 지역이 있고, 이런 지역의 변이형 민요들은 민요학 상으로 매우 중요한데, 이런 변이지역의 변이형 민요들도 단 한 건도 문화재로 지정되지 못하고 있다.

넷째, 이런 상태에서, 전북민요는 이제 거의 소멸 상태로 접어들기 직전 상태에 있다. 그럼에도 불구하고, "보전 대책을 강구하지 않으면 소멸 위기에 놓인 민요 문화재들을 보존 하기" 위한 (민요 분야) 무형문화재 보호법의 근본 취지는 사라지고, 전라북도의 민요 문화재들을 이제 아무런 보존 제도 상의 도움을 받지 못한 채로 소멸 상태로 접어들어 있다.

다섯째, 학술적인 조사 · 정리 · 검증의 미비점도 문제이다. 예컨대, 문화재로 지정되어 있는 '익산목발노래'의 경우를 보더라도 학술적으로 검증 정리된 것이 아니라, 전승지역 주민들이 경연대회를 위해 재구성한 것이다. 이 일련의 노래들의 성격을 따져보면, 〈산타령〉은 실제로는 〈육자배기〉이고, 〈작대기타령〉은 창부타령 계통의 노래이며, 〈둥당기타령〉도 익산지역 특유의 것이 결코 아니다. 여기서, 정작 가장 중요한 것은 〈상사소리〉, 〈만물산야〉, 〈벼베는 산야〉, 〈타작소리〉 등의 일련의 들소리들인데, 이런 민요들이 지정 과정에서 완전히 빠지게 되었다. 이러한 문화재 지정은 결국 이것을 문화재로 지정하는 단계에서 이 분야 전문가의 검증을 거치지 않은 문제에서 온 것이다. 그리고 현재 문화재로 지정된 순창 금과들소리, 익산 목발노래도 학술적인 조사 정리 검증이 이루어진 전문 학술서 하나도 나온 것이 없는 심각한 상태이다.

여섯째, 전북민요에 관한 관련자들의 무관심도 큰 문제점이다. 전북민요의 문화재 지정이 이렇게 빈약한 것은, 그동안 전라북도에서 주로 판소리와 농악/풍물굿에 집중되어온 사정과도 무관하지 않을 것으로 보인다. 전북의 경우 다양한 소리 문화의 중심지임에도 불구하고 '판소리'와 '농악' 중심 무형문화재 지정 비율이 높은 편이다. 개인 지정 분야인 판소리를 제외하고 단체 종목인 농악만 보더라도 현재 9건이 지정되어 있다. 국가 지정 3건(익산, 임실, 남원) 시도지정이 6건(고창, 부안, 김제, 정읍, 진안, 성당포)이 있다. 전라북도 14개 시군 대부분이 있다고 봐야 할 것이다. 그에 비해 가장 민중적이고 누구나가 즐겨 부르던 민요 분야는 전라북도에서는 시도지정(예고) 문화재 단 2건(3건)뿐으로 거의 소외되어 있다.

다른 지역의 민요 무형문화재 지정 현황에서, 단적인 사례로 전북 인근의 경남 거창군은 거창삼베일소리, 거창일소리, 거창삼베길쌈, 거창상여디딜방아 액막이소리 4종목을 무형문화재로 지정하였다. 이중 3종목(거창상여디딜방아 액막이소리, 거창삼베일소리, 거창일소리)이 민요분야이다. 1개 군에서 이렇게 민요 분야 무형문화재를 지정하여 전승하고 있는 사례는 없는 것으로 파악된다. 전라북도가 전체에서 2(3)건 지정되어 있는 현상황을 볼 때 우리는 전북지역의 문화유산에 대한 가치를 거의 모르는 채 방기해 온 것으로 밖에 말할 수 없을 것이다. 거창삼베일소리와 거창일소리 등의 경우에 전수회원이 각각 따로 구성된 것이 아니라 (사)향토민속보존협의회 회원들이 모두 중복되어[29] 전승하고 있기까지 하다. 물론 이런 경우는 너무 지나치게 많아 오히려 문제가 될지는 모르나, 전승 및 전통문화 계승 의지 차원에서 보면 긍적적인 면이 있다. 오히려 전북민요의 경우에는 아예 이와는 너무나 대조되는 것이 또한 문제점으로 보인다.

향토민요 측면에서 영남지역은 원래 아리랑의 주요 전승지역이라고 하기는 어려우나, 지역의 아리랑을 새롭게 발굴하고 전승하려는 의지와 아리랑이 유네스코 등재를 계기로 영남지역에서 봉화아리랑 · 문경새재아리랑 · 예천아리랑 · 상주아리랑 · 영천아리랑 · 대구아리랑 · 부산아리랑 등 지역을 표방하는 사설을 새롭게 창작하여 지역의 아리랑으로 등극하는 노력들이 있었으며, 이를 문화콘텐츠화를 통해 전승과 활용을 지속하고 있다.[30]

이와 같이 타 시도에서는 민요를 활성화하여 문회콘텐츠로 발굴 · 활성화 하는데에 앞서가고 있다. 민요가 문회콘텐츠로 활성하기에 매우 확장성 있는 장르 중에 하나이기 때문에 그러하다. 또한 삼국지 위서 동이전에도 나와 있듯이, 우리 민족은 본래 노래하며 유희를 즐긴 민족으로, 노래 한가락씩 부르면 모든 게 형통亨通이었기 때문이다.

① 은력殷曆 정월에 지내는 제천행사祭天行事는 국중대회國中大會로서, 날마다 마시고 먹고 노래하고 춤추는데, 그 이름을 영고迎鼓라 하였다. 이때에는 형

29 서정매, 「부산 · 경남지역의 민요 무형문화재 전승실태 조사보고서」, 『한국민요학』 제46집, 한국민요학회, 2016, 131-133쪽.

30 최은숙, 「영남지역의 아리랑 전승활동과 지역문화브랜딩」, 『한국민요학』 제54호, 한국민요학회, 2018, 46-47쪽.

옥刑獄을 중단하고 죄수들을 풀어주었다. …… 전쟁을 하게 될 때에도 하늘에 제사를 지내고, 소를 잡아서 그 발굽을 보아 길흉을 점치는데, 발굽이 갈라지면 흉하고 발굽이 붙으면 길하다고 생각한다.[31]

② 10월에 지내는 제천행사는 국중대회로서, 이름하여 동맹東盟이라 한다. 그들의 공식 모임에서는 모두 비단에 수를 놓은 의복을 입고 금과 은으로 장식한다. …… 백성들은 노래와 춤을 좋아하여, 나라 안의 촌락마다 저물어 밤이 되면 남녀가 떼를 지어 서로 노래하며 유희를 즐긴다.[32]

③ 해마다 10월이면 하늘에 제사를 지내는데, 밤낮으로 술을 마시며 노래를 부르고 춤을 추니, 이를 무천舞天이라 한다. 또 호랑이를 신으로 여겨 제사를 지낸다.[33]

④ 해마다 5월이면 씨뿌리기를 마치고 귀신에게 제사를 지낸다. 떼를 지어 노래와 춤을 즐기며 술 마시고 노는데, 밤낮을 가리지 않는다. 그들의 춤은 수십 명이 모두 일어나서 뒤를 따라가며 땅을 밟고 구부렸다 치켜들었다 하면서 손과 발이 서로 장단을 맞추는데, 그 가락과 율동은 (중국의) 탁무鐸舞와 흡사하다. 10월에 농사일을 마치고 나서도 이렇게 한다.[34]

Ⅴ. '문화재'에서 '국가유산'으로의 전환

지난 2023년 5월 16일 국가유산기본법이 제정 · 공포되었다. 앞으로'문

31 『삼국지(三國志)』, 위서(魏書), 동이전(東夷傳), 부여.

32 앞의 책, 고구려.

33 앞의 책, 예(濊).

34 앞의 책, 마한.

화재'라는 용어가 사라지고 '국가유산[35]'으로 바뀌게 된다. 또한'국가유산 기본법'에 따라 제도가 정비될 예정이다. 국가유산기본 법안이 공포되면 국가유산 보호 정책 최상위 기본법이 된다. 그 아래 문화유산법, 자연유산법, 무형유산법을 새롭게 재편하고 정비해 2024년 5월 17일부터 시행되어 새로운 체제로 전환하게 된다. 문화재청의 명칭도 국가유산청으로 변경될 예정이다.

1962년 문화재보호법 제정 이후 60여 년 동안 법률 · 행정 용어로 쓰여온 '문화재'라는 명칭은 1950년 제정한 일본의 문화재보호법에서 인용한 용어로 과거 · 재화 · 사물로 한정되어 인식되어 왔다. 문화재보호법이 제정된 이후 현재에 이르기까지 수십 차례의 개정과 변화에도 불구하고 제정 당시의 기본적인 틀은 현재까지 유지되고 있다. 대표적으로 문화재를 유형문화재, 무형문화재, 기념물, 민속자료로 구분하고, 지정문화재를 문화재 지정 주체에 따라 문화재청장이 주체가 되면 국가지정문화재, 시도지사가 주체가 되면 시 · 도지정문화재, 문화재자료 등으로 구분하였던 분류방식은 2023. 3. 21.자 개정 법률에 이르기까지 유지되고 있다.

앞으로는 유네스코 체계에 맞춰 문화유산, 자연유산, 무형유산[36]으로 세

---

35 '국가유산'이란 인위적이거나 자연적으로 형성된 국가적 · 민족적 또는 세계적 유산으로서 역사적 · 예술적 · 학술적 또는 경관적 가치가 큰 문화유산 · 자연유산 · 무형유산을 말한다.

36 '무형유산'이란 여러 세대에 걸쳐 전승되어, 공동체 · 집단과 역사 · 환경의 상호작용으로 끊임없이 재창조된 무형의 문화적 유산을 말한다.(무형유산은 문화재보호법의 무형문화재의 정의(문화재보호법 제2조 제1항 2호)와 UNESCO 무형문화유산 보호협약(Convention for the Safeguarding of the Intangible Cultural Heritage)의 정의)를 차용하여 새로이 정의한 것으로 "무형문화유산"이라 함은 공동체 · 집단과 때로는 개인이 자신의 문화유산의 일부로 보는 관습 · 표상 · 표현 · 지식 · 기능 및 이와 관련한 도구 · 물품 · 공예품 및 문화 공간을 말한다. 세대간 전승되는 이러한 무형문화유산은 공동체 및 집단이 환경에 대응하고 자연 및 역사와 상호작용하면서 끊임없이 재창조되고 이들이 정체성 및 계속성을 갖도록 함으로써 문화적 다양성과 인류의 창조성에 대한 존중을 증진한다. 이 협약의 목적상 기존 인권에 관한 국제문서와 공동체 · 집단 · 개인간 상호존중 및 지속가능한 개발에 대한 요청과 양립하는 무형문화유산만이 고려된다.)

부 분류하고 이를 통틀어'국가유산'으로 부르게 된다. 국가유산으로 명칭이 바뀌게 됨으로써 미래적이면서 계승 · 활용 측면으로 인식되는 계기가 마련된 셈이다.

이에 따라 기존의 문화유산을 지정 · 등록문화재 중심으로 보호하던 것에서 미래의 잠재적 유산과 비지정유산들까지 보호하는 포괄적 보호 체계로 전환하게 된다. 즉 보존 · 관리 중심에서 활용 · 향유 · 진흥 정책으로 전환하는 방향의 유산 정책이 추진된다. 따라서 이에 맞게 대응해야 하는 시점에 놓여 있다.

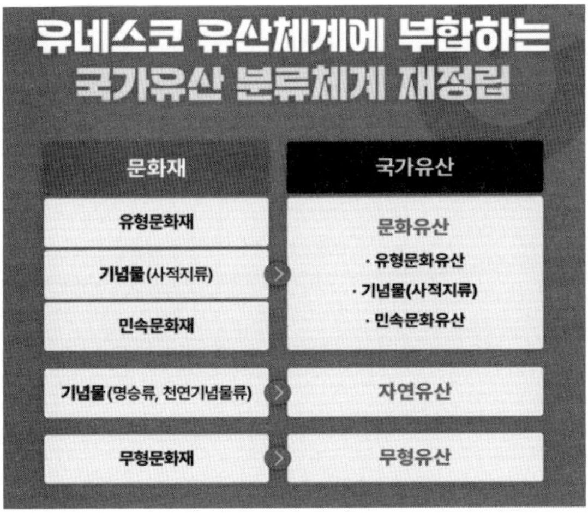

〈그림-5〉 국가유산분류체계[37]

앞으로 적용받게 될 국가유산기본법은 공동체 유산으로서의 가치에 초점을 둔 국가유산의 개념을 도입하고, 법의 목적을 통하여 국가의 유산의

37 문화재청 제공.

보호는 물론 창조적 계승과 국민의 문화 향유까지 포괄하는 미래지향적 목표를 제시하고 있으며, 국민의 국가유산 향유권을 명시적으로 규정하고 국가유산 보호 정책의 기본원칙을 상세히 규정하고 있다는 점에서 긍적적으로 평가할 수 있다.[38] 아래 〈표 5〉 국가유산 분류체계 개편안 초안을 참고하기 바란다.

〈표 5〉 국가유산 분류체계 개편안 초안

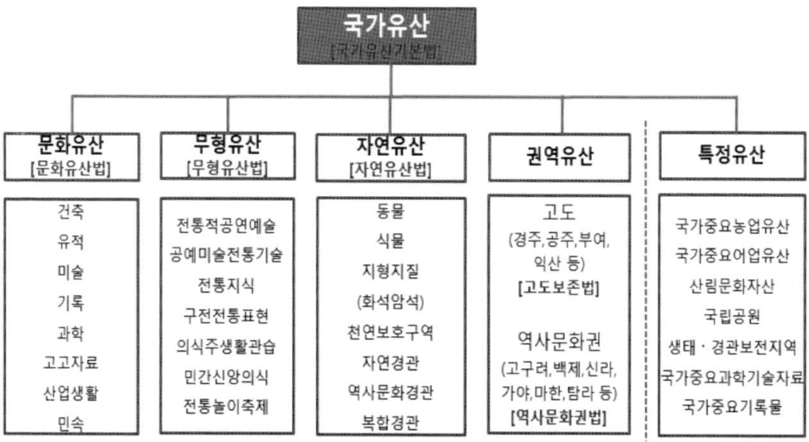

VI. 결어 : 전북민요 문화재 지정의 바람직한 방향

이상에서 살펴본 바와 같이, 전라북도 민요 분야 무형문화재 지정 현황은 놀랍게도 전국에서 가장 심각하고 부끄러운 상태에 처해 있으며, 이의

38 주강원, 「국가유산기본법의 제정과 향후 과제」, 『홍익법학』 제24권 제2호, 2023, 29-54.(국가유산 분류체계 개편안 초안 〈표 5〉를 재인용 함.)

획기적인 개선이 필요해 보이는 실정이다. 이에 주요 방안들을 제시해 보면 다음과 같다.

첫째, 전북지역 민요는 각 5개의 민요권별로 그 대표적인 민요들이 문화재로 지정 보호되어야 한다. 이를 위해, 현재 문화재 지정이 전무한 전북는 동부-산간권, 서남부-평야권, 서부-해안도서권의 대표적인 민요들이 무형문화재로 지정 보호되어야 한다. 앞서 논의한 5개 민요권들 사이의 경계지역에서 나타나는 독특한 경계지역적 변이 상태를 보여주는 민요/일노래들의 대표적인 민요들도 문화재로 지정되어야 한다.

둘째, 각 민요권별 대표적인 민요들에 관한 학술적인 조사 · 정리 · 검증이 반드시 이루어져야만 한다. 이를 위해 우선적으로 각 민요권별 대표 민요들에 관한 조사 정리 고증 전문 책자들이 발간되어야 한다.

셋째, 하나 현재 민요를 보존하기 위해 지역민들이 참여하여 명맥을 유지하고 있는 곳들과 소멸할 위험에 처한 민요를 긴급히 보전하기 위하여, 위기에 직면한 전라북도 주요 무형문화재들을 하루빨리 '도긴급보호무형문화재'로 지정 보호해야한다는 조례가 필요한 시점이다. 특히 지금까지 논의한 전북 민요의 실정을 보더라도 그렇다.

넷째, 특히 민요분야 전라북도 무형문화재 담당 문화재위원 및 전문위원들의 개선이 필요하다. 왜냐하면, 이 분야의 현재 문화재위원 및 전문위원들은 전북민요를 전문적으로 연구한 위원 및 전문위원들이 많지 않기 때문이다. 이러한 문제점은 전라북도 무형문화재 분야의 문화재 지정 및 보호를 더욱 어렵게 만들고 있다.

다섯째, 전라북도 민요 분야 국가무형문화재 지정 작업도 반드시 필요하다. 다른 지역의 무형문화재 지정 현황을 보면, 서울특별시 1(선소리산타령), 경기도 1(경기민요), 제주 1(제주민요), 경남 · 부산 3(고성농요 외), 경북 1(예천통명농요), 전남 2(강강술래:세계인류무형문화유산, 남도들노래), 기타 2(아리랑, 서도소리) 등으로 나타나, 주요 시도에 하나 정도의 국가무형문화재들이 지정되어 있다. 이런 국가무형문화재들은 각 지역에서 국가적인 차원에서 중요시 되는 민요들을 지정한 것으로 판단된다.

전북민요는 앞서 살펴본 바와 같이 5개 민요권별로 제각기 다양한 차별성이 구별되는 민요들이 전승되고 있고, 전국에서 그 지역적 변이 양상을 가장 다양하게 보여주는, 그야말로 한국민요 변이의 총체적 중심지로서의 양상을 분명하게 보여주고 있다는 점에서, 전북민요는 그 학술적 다양성의 보고로서의 대표성을 가지고 있다는 점에서, 이 지역 민요의 국가 무형문화재 지정의 타당성이 충분히 확보되고 있다. 이런 관점에서 특히 주목되는 지역민요가 바로 '순창 금과들소리'이다. 왜냐하면, 금과들소리야말로 전북 민요들 중에서 그 다양한 융합과 변이의 양상을 가장 다양하게 보여주고 있기 때문이다.

여섯째, 전북의 경우 다양한 소리 문화의 중심지임에도 불구하고 '판소리'와 '농악' 중심 무형문화재 지정 비율이 높은 편이다. 개인 분야인 판소리를 제외하고 단체 종목인 농악만 보더라도 9건이다. 국가 지정 3건(익산, 임실, 남원) 시도지정이 6건(고창, 부안, 김제, 정읍, 진안, 성당포)이 있다. 전라북도 14개 시군 대부분이 있다고 봐야 할 것이다. 그에 비해 가장 민중적이고 누구나가 즐겨 부를 수 있었던 민요는 전라북도에서는 거의 소외되어 있다. 각 시군별로 발굴 육성 해야한다.

일곱째, 이런 관점에서, 앞으로 반드시 무형문화재로 지정 보호되어야만 할 전라북도 지역 민요들로는 다음과 같은 것들을 들 수 있다.

이를테면 무주군 적상면 치목마을은 치목삼베마을'삼베짜기'로 전북 무형문화재 지정[39]을 받았다. 그러나 이런 경우 삼베짜기 기능 부분으로만 지정을 받았을 뿐, '삼베짜는소리'는 사실상 제외된 셈이다. 경남 거창군의 경우처럼 삼베짜는 소리도 민요 부분으로 별도 지정할 수도 있을 것이다. 이렇게 하면 기능과 노래가 함께 전승해 나아갈 수 있지만, 베짜기만 지정될 경우 베짜는'기능'만 남고 무형유산의 또 다른 주요 요소인 '예능'은 사라지게 된다는 점에서 문제의 심각성이 드러나게 된다.

여덟째, 순창금과들소리는 문화재로 지정된 지 어언 17년이 되었다. 금과들소리를 전승하기 위해서 전승학교, 금과들소리 노래부르기 축제 등을 개최하고, 순창군의 대표 축제인 순창장류문화축제도 좋지만, 금과면 내에서 '순창금과들소리민속축제' 등을 개최하여 순창군의 대표 축제로 거듭날 수 있도록 금과들소리가 지속적으로 활성화하는 작업이 필요하다. 말하자면 금과들소리 콘텐츠 활성화 작업을 적극 추진해야 국가유산(무형유산)으로 지정 가능성도 더 확대될 것이기 때문이다.

아홉째, 마지막으로 국가유산기본법 제14조(포괄적 보호체계의 마련)에 따르면, ① 국가와 지방자치단체는 제13조에 따라 지정 · 등록되지 아니한 국가유산의 현황을 지속적으로 관리하고, 이를 체계적으로 보호할 수 있는 방안을 강구하여야 한다. ②국가와 지방자치단체는 미래에 국가유산이 될 잠재성이 있는 자원을 선제적으로 보호할 수 있도록 노력하여야 한다.

즉 지정문화재, 등록문화재 중심으로 보호하던 기존 체제에서 이제는 미래의 잠재적 유산과 비지정 문화유산까지 보호하는 포괄적 체계로 전환할 예정이라는 것이다. 비지정 문화유산을 보호 · 관리할 수 있는 법적 근거를 마련했다 점이다. 이 국가유산법 조항에 따라 제대로 시행되면 그동안 지나친 관념성, 서열화(위계화) 등을 부추기는 지정 체계가 어느 정도 개선되리라고 기대된다.

---

39 2021.8.19. 지정일.

참고문헌

강재욱, 「전북지역 논매는소리의 분포와 토리 활용 양상」, 한양대 국악과 석사논문, 2011.

김대성, 「땅밟기 : 현장음악 연구 - 전북 익산민요 연구」, 『민족음악의 이해』 4권, 민족음악연구회, 1995, 355-421쪽.

김익두 · 김월덕 · 허정주 · 백은철, 『한국구비문학대계 - 전라북도 무주군편』, 역락, 2013.

김익두, 『한국민요의 민족음악학적 연구 - 전북민요의 경우』, 서울 : 민속원, 2012.

김익두, 「지역민요의 지속과 변이에 나타난 몇 가지 문제들과 그 현실적 가능성 - 임실군 '삼계농요'의 경우를 중심으로」, 한국민요학회 전국학술대회 자료집, 2015, 159-175쪽.

김혜정, 『남원지역 사람들의 삶과 노래』, 국립민속국악원, 2001.

김혜정, 「한국민속예술축제와 문화재 지정을 통한 향토민요의 공연 양상과 과제」, 『한국민요학』 제65집, 2022. 73-102쪽,

나승만, 「전남지역의 들노래 연구」, 전남대 박사논문, 1990.

류장영, 김성식 외, 『전북의 민요마을』, 전북도립국악원, 1998.

서정매, 「부산 · 경남지역의 민요 무형문화재 전승실태 조사보고서」, 『한국민요학』 제46집, 한국민요학회, 2016, 113-152쪽.

양옥경, 「근래 문화재 관련 정책 동향과 '활용주의' 대두 현상에 관한 고찰」, 『한국민요학』 47집, 2016, 97-136쪽.

유영수 외, 「중요무형문화재 제82-3호 위도띠뱃놀이 전승 · 보존 현황 및 방안」, 『한국무용연구』 33권2호, 2015, 185-214쪽.

이보형, 「임실군 삼계면 두월리 농요의 특성」, 『2015 한국민요학회 전국학술대회자료집』, 2015, 145-155쪽.

임미선, 「전북민요에서 나타나는 경기, 동부민요적 음악현상」, 『정신문화연구』 제34권 2호, 2011, 247-274쪽.

임재해, 「동제문화의 지역적 변화와 이면적 지속성의 변증법적 인식」, 『실천민속학연구』 제27호, 2016, 9-59쪽.

정한기, 「상여소리의 구성과 죽음의식에 대한 연구」, 『한국 민요의 미학』, 박이정, 2015.

주강원, 「국가유산기본법의 제정과 향후 과제」, 『홍익법학』제24권 제2호, 2023, 29-54.

최은숙, 「영남지역의 아리랑 전승활동과 지역문화브랜딩」, 『한국민요학』 제54호, 한국민요학회, 2018, 46-47쪽.

한국학중앙연구원 편, 『한국민족문화대백과사전』, 서울 : 한국학중앙연구원, 1991.

허정주 외, 「비지정무형문화유산 실태조사」, 한국민속학회 · 국립문화재연구소, 2009.

허정주, 「전북민요의 지역적 특성과 무형문화재 지정 문제」, 『한국민요학』, 한국민요학회, 2017.

허정주, 「전북 김제농요 '외에밋들노래'의 지역적 위상과 가치」, 『한국민요학』 47집, 한국민요학회, 2016, 269-296쪽.

허정주, 「한국 민요의 시대적 컨텍스트 변모에 따른 소리꾼의 변모양상과 그 문제점 - 전북민요의 경우」, 『민속연구』 28집, 2014, 191-219쪽.

허정주, 「발트국가의 인류무형문화유산 '노래와 춤의 축전'을 통해서 본 한국 민요의 전승 방향」, 『한

국민요학』 제68집, 한국민요학회, 63-94.
홍순일, 「도서 · 연안지역 민요공동체의 성격과 민요의 연행양상」, 『한국민요학』 제22호, 2008, 377-409쪽.
MBC, 『한국민요대전』 전라북도편, ㈜문화방송, 1995.
문화재청 홈페이지.
전라북도 홈페이지.

순창 역사-민속 문화의 배경과 '금과 들소리'의 바람직한 전승 방향

송화섭
전 중앙대 민속학과 교수, 후백제학회 회장

순창 역사-민속 문화의 배경과 '금과 들소리'의 바람직한 전승 방향

Ⅰ. 서언

순창은 전라북도 동남부지역에 위치한다. 산과 산 사이에 낮은 구릉과 드넓은 평야지대가 조성된 풍요로운 농촌지역다. 이러한 자연환경과 생업환경이 일찍부터 풍요로운 향촌을 이루었다. 순창의 넓은 들 사이에는 산계곡에서 내려오는 맑은 물이 비산비야非山非野 농토를 적시며 섬진강으로 흐른다. 맑은 물의 고장이 순창淳昌이고, 순창의 옛 지명이 옥천玉川이다. 그래서 산천이 수려하여 인물들이 찾아들어 왔고, 풍요로운 농경지대를 배경으로 다양한 민속문화가 발달하였다. 순창의 민속문화는 고색창연古色蒼然하다. 순창은 전라 좌도와 전라우도 민속문화가 함께 나타나고 고려-조선시대 향리 주도 성황제의 역사가 깃들어 있다.

순창고을은 고려말부터 읍치성황제邑治城隍祭의 전통이 일제강점기까지 지속적으로 내려왔으며, 마을 단위의 민속문화가 매우 다양하게 전승되어왔다. 순창의 읍치성황제는 순창 성황대신사적 현판이 국가민속문화재 제238호로 지정되었고, 순창읍 석인상이 국가민속문화재 101호, 102호로 지정받았고, 팔덕면 연봉석이 전북 민속자료 14호, 15호가 지정되어 있다. 또한 평야지대의 당산제와 줄다리기, 내륙산간지역의 수구막이 돌탑과 짐대와 장승, 석인상과 돌거북 등 마을민속의 다양성이 발견되고 있다. 순창 금과면의 금과 모정리 들소리도 마을민속의 문화적 특성가운데 하나다. 금과면 모정리 일대는 아미산과 덕진봉 사이 드넓은 구릉과 평야지대가 조성되어 있고, 대장천이 평야지대를 적셔주어 풍요로운 향촌사회를 이루었다.

어찌보면 '금과 들소리'는 가장 순창적인 민속문화라고 할 수 있다. 지방소멸 시기가 위협적으로 다가오고 있다. 지방소멸은 민속 소멸을 의미한다. 앞으로 순창군의 정통 들소리 '금과 들소리'를 어떻게 전승시켜 나갈 것인가에 지혜를 모아야 한다. 이러한 관점에서 논지를 전개시켜 보고자 한다.

Ⅱ. 순창 역사 민속문화의 배경과 특성

1. 순창 성황대신사적 현판과 순창 성황신앙

1) 순창 성황대신사적을 보전해온 순창사람들

성황대신사적 현판은 순창 성황신앙의 역사를 기록한 판각 자료다. 현판은 원래 순창읍 옥천동 성황당 안에 걸려 있었으나 일제시대 말 1940년경 무렵 미신타파와 민족문화 말살정책이 추진되면서 순창읍 성황당이 헐릴 상황에 놓였다. 이 소식을 들은 금과면 동전리 고故 설태수薛泰洙 옹은 옥천동 성황당으로 달려갔다. 설옹은 600년동안 순창의 수호신으로 많은 영화를 누리고 대접받던 조상이 한갓 일본인의 만행으로 하루아침에 사당과 제의를 빼앗길 위기를 맞이하자, 성황당(순창읍 옥천동 445번지)에 안에 모셔져 있던 남신상과 벽에 걸려 있던 성황대신사적 현판을 수습하여 금과면 동전리銅田里로 돌아왔다.

설옹薛翁이 남신상과 현판을 수습하는 데 적극 앞장 선 것은 조상숭배에 대한 계세의식이었다. 순창의 성황신은 고려시대 말엽 충신 설공검薛公儉이었다. 순창읍 옥천동 성황당 남신상 앞에는 '薛大王神位'라는 위판이 놓여 있었다. 남신상男神像이 설공검 신상이었는데, 설옹에게는 조상신상이나 다름없었다. 이 성황남신상이 일제 식민지 앞잡이들에게 의해서 파괴된다는데에 비분강개할 일이고 차마 눈뜨고는 못볼 일이었다. 설옹은 집안의 훌륭한 조상이 600여년 동안 순창군민들에게 성황대신으로 받들어져 왔던 전통이 강압적으로 종식되는 것에 분통이 터지지만, 자신의 도리는 조상신상과 그의 사적을 안전하게 모시는 일이었다. 설옹은 옥천동玉川洞 성황당에서 옮겨온 목각 남신상은 금과면 내동 연화리에 있는 설씨 선산에 깊숙하게 매안하였고, 여신상은 금산 골짜기 동굴 속에 묻었다고 한다. 현판은 금과면 동전리 소재 설씨제각 평산재平山齋으로 옮겨 보관해 둠으로서 후손의 도리를 다한 것이다.

평산재를 개축하면서 행랑채에 보관해 두었던 현판을 옥천향토사회문화연구소 민속자료 발굴팀 조규동曺圭東 팀장에 의해서 발견된 것이다. 조규동과 양상화 선생은 설태수 옹의 차남이었던 설동순薛東珣과 설용선薛溶先의 협조를 얻어 현판을 옥천향토사회문화연구소로 옮겨온 것이다. 현판은 비교적 보존 상태가 좋은 편이었다. 현판의 크기는 가로 180㎝ 세로 54㎝이고 송판 두장을 위아래로 부판하여 만들었으며, 현판의 기문은 음각으로 총 1,676자이며, 이두문으로 작성되어 있어서 매우 사실적이었다. 우리나라에서 성황대신사적 현판이 이두문吏讀文으로 기록된 것은 순창 성황대신사적 현판이 유일하다. 뿐만 아니라 고려시대부터 조선시대까지 지방의 성황신에게 첩문牒文을 내린 사실을 기록한 현판 역시 유일하다. 그리하여

1997년 7월 20일 도지정 문화재자료 제 138호로 지정되었다가 2000년 1월 13일 대한민국 국가민속문화재 238호로 격상되어 관리되고 있다.

2) 순창 단오절 성황제는 국제관사國祭官祀

순창 성황신앙은 1214년(고종원년)부터 1563년(명종 18)까지 국가에서 관리한 국제관사였다. 국제관사國祭官祀는 국가에서 봉작을 내리고 어인御印으로 첩문을 내려 보내는 국가제사를 말한다. 고려시대 사전祀典에 성황제가 중사中祀였다. 순창의 성황제는 국가가 관리하는 나라제사이며, 지방관리들이 제사를 주관하였음을 알 수 있다. 지방관리는 향리집단이다. 실제 현판에는 호장, 부호장, 이방, 호방, 병방 등 지방관리들의 이름이 열거되어 있다. 관청에서 성황제를 모든 제물과 진행을 주관하였지만, 의례의 주축은 무당과 정재들이었다. 당시 무당들은 제사를 주관하는 종교직능자들이었고, 정재들은 춤을 추는 관속 예인藝人들이었다.

국제관사國祭官祀는 중앙정부가 중앙집권체제를 강화하기 위하여 관주도의 제사체계를 갖었다면, 각 지역에서 전승되어온 성황제는 지방의 향리집단들이 주도적이었다. 지방의 토호세력들은 향권을 가진 문벌지족들이 거행하는 성황제를 관리하는 일을 담당하였을 것이다. 순창 단오절 성황제는 중앙정부에서 첩문을 받는 국제관사이며, 지방의 호장과 부호장 이하 호족들이 제의의 주체였다. 순창성황제가 국제관사였음을 성황사가 관아 건물과 함께 읍성안에 위치하고 있다는 사실이 말해준다. 성황신은 순창지역의 대표적인 문벌지족의 인물이 신격화되어 제의 대상이 되었으며, 지방의 호족들과 정재와 무당 들이 성황제연의 주도적인 역할을 담당하였던 것으로 보인다. 성황대신사적 현판에 등장하는 정재는 향악정재인 것으로 보인다.

3) 고려말 순창 성황신은 국가관리 대상

둘째, 현판에는 1241년(고종 28)부터 1563년(명종 18)까지 국가에서 순창 성황신에게 존호를 내리고 첩문을 보낸 사실을 밝혀놓았다. 국가에서 순창 성황신에게 존호를 내리고 관리하였던 기간은 282년동안 유지되었다. 순창 성황신에게 내린 존호는 성황대왕과 성황대부인이다. 성황대왕은 설공검이라면, 성황대부인은 양씨부인이었다. 두 신상의 위판에 '薛氏大王神位'와 '梁氏夫人神位'라는 신위명이 쓰여 있었다고 한다. 순창의 성황신과 성황제는 국가에서 관리하는 였음을 알 수 있다. 성황대왕에게는 1281년(충렬왕 7) 성황대왕을 내리고 1296년(충렬왕 22)에는 성황대부인을 내리고 있다. 성황대부인에게 삼한국대부인까지 가호를 하는 것으로 볼때에 최고의 예우를 하는 존호였다. 설씨는 옥천玉川 설씨薛氏를 말하고, 양씨는 능성綾城 양씨梁氏를 지칭하는 것으로 알려졌지만, 순창고을의 토성에 능성양씨는 없다.

성황대부인의 양씨부인은 남원양씨 부인이다. 남원양씨의 대부인은 동계면 귀미리 입향조이다. 성황사의 설씨대왕은 설공검을 인격화한 신위라고 한다면, 양씨대부인신위는 남원양씨의 이씨부인을 신격화한 신위명이라 할 수 있다. 순창의 대모산성에서 성쌓게 성곽전설에 설씨총각과 양씨부인이 등장하는데, 두 성씨는 고려시대 순창고을에서 대표적인 지방토호세력이었고 문벌지족이었다. 고려시대에는 중앙의 권력보다 향촌자치권을 가진 지방의 권력이 더 크게 영향을 미치면서 재지세력권을 장악한 것으로 보인다.

4) 성황대신사적 현판에 고려시대 이두문吏讀文 표기

순창성황대신사적 현판에는 이두문이 표기되어 있다. 이두는 한자의 소리와 뜰을 빌어 기록하는 방식을 말한다. 삼국시대, 고려시대 등에는 한문을 쓰면서 한자의 소리와 뜻을 그대로 적는 방법을 고안하여 사용하였으며, 고려시대까지 한자를 빌어쓰는 표기법이 유지되었고, 현판에 그대로 나타나 있다. 현판에 "成上爲白臥乎事叱段"이나 "令是良於爲"는 이두문에 해당하는 글이다. 조선시대 한글이 나오기 이전까지는 순창에서 이두문을 사용하였음을 알 수 있다. 고려시대에 한문사용이 보편화되면서 이두문의 사용이 약해졌지만, 그래도 순창고을에서는 통일신라시대 이두문의 전통이 유지되었음을 현판 내용으로 알 수 있다.

5) 순창 성황사의 건곤신상乾坤神像 봉안

성황대신사적 현판에 순창의 성황당에 봉안된 신상을 건곤신상乾坤神像이라고 표현해놓았는데, 건곤신상은 성황대왕과 성황대부인을 목각신상(또는 소종목각신상)으로 봉안하였다는 것이다. 건은 하늘, 남자를 상징하고, 곤은 땅, 여자를 상징하는 명칭이다. 건곤은 부부를 가리킨다. 건곤신상은 소조목각상이다. 통나무에 얼굴을 조각하여 골은 흙으로 매끄럽게 조형하는 방식이었다. 성황대왕은 사모관대를 하였고, 성황대부인은 홍삼紅衫을 입히고 족두리를 해놓았다고 한다. 건곤신상을 봉안하는 관행은 고려시대 전통의 성황신상 봉안 방식이었다. 조선후기 고지도에 성황사가 관아건물에 속해있다는 그 자체가 순창성황신앙의 전통과 권위를 엿보게 해준다. 조선후기까지도 성황사는 순창읍에 위치하고 있었던 읍치성황사였다.

1743년 성황당이 낡아서 새롭게 성황당을 개수하고 건곤신상, 즉 "夫婦

의 神像을 공경히 고쳐 아름답게 하니 그 분칠한 얼굴과 모습이 살아있는 것[其粉面儀形洽似生貌]과 흡사하여 사람들로 하여금 눈을 닦고 보게하였다." 건곤신상이 마치 살아있는 사람처럼 눈을 비비고 다시 볼 정도였다고 한다. 특히 성황대부인 신상은 얼마나 예쁘고 아름다웠던지, 지금도 순창 고을사람들은 얼굴이 예쁜 아가씨의 얼굴을 보면 '당각시 닮았네'라고 할 정도이다. 당堂각시는 성황당의 성황대부인을 지칭하는 호칭이다.

6) 순창읍 성황신상과 한쌍의 석인상

순창읍 성황사에는 성황대왕과 성황대부인 목각신상木刻神像이 봉안되어 있었다. 이 목각신사은 성황대신사적 현판에 건곤신상乾坤神像으로 표현되어 있다. 그런데 순창읍에는 2기의 독특한 석인상이 분포하고 있다. 순창읍 순화리 도로변에 석인상 1기가 세워져 있는데, 모양새가 남성상이다. 그리고 맞은편 순창읍 남계리에 석인상 1기가 세워져 있었는데, 이 석인상은 여성상이다. 남계리 석인상은 국가 지정 중요민속문화재 102호로 지정되었다. 순화리 석인상과 남계리 석인상은 서로 마주보고 있었으며, 두 석인상 사이에는 ◯◯나무가 심어져 고을숲이 조성되어 있었다고 한다. 순창읍 고을숲은 순창읍과 인계면의 경계라 할 수 있는데, 순창읍이 인계면 쪽으로 툭 트여있기 때문에 비보숲을 조성한 것으로 보인다.

순창읍의 두 석인상은 수구막이형 석인상이라 할수도 있는데, 전주에서 인계면을 경유하여 순창읍으로 들어오는 길목 도로변에 남성상 석인상이 세워져 있고, 그 마주편에 하천 제방둑 옆에 여성상 석인상이 세워져 있었다. 남계리 여성상 석인상은 정말로 아름다운 미모의 여인상으로 조형되어 있다. 그런데 남계리 여성상 석인상이 위치하는 지명을 순창군민들은 각시숲(각시수페)라고 부르는데, 각시숲은 1872년 고지도에는 각수角藪로 표기해 놓았다. 남계리 석인상은 성황당 각시상를 닮을 정도로 매혹적인 여인상 조형미를 갖추었다.

그리고 두 석인상의 조형성을 살펴보면, 얼굴상에서 연지곤지를 장식하였으며, 이마에 백호를 장식하고, 두 눈의 눈맵씨가 석가모니 안상을 닮은 모습으로 조형하였으며, 입모양이 혜안慧眼의 미소를 묘사한 듯한 모습이며, 목에 삼도를 둘렀다. 이 두 석인상의 조형성에서 미륵불과 성황신상의 조합형으로 판단된다. 큰틀에서는 두 석인상은 순창읍의 풍수비보석상으로 보이지만, 두 석인상은 미륵신앙이 성행하고, 성황신앙이 발호하던 시기에 성황대왕 · 성황대부인을 미륵불 형상으로 조형한 것으로 보인다. 이러한 두 석인상은 국내에서 유일하게 순창읍에서만 발견되고 있다. 두 석인상은 매우 복합적인 형상일뿐만 아니라 순창읍치민속淳昌邑治民俗을 이해하는데 매우 중요한 자료다.

2. 순창 민속문화의 다양성과 특성

1) 순창군 복흥면 자포마을의 줄다리기 당산제

(1) 마을개관

마을호수는 약 30여호이며 옛부터 주 작물은 보리, 콩, 팥을 재배해왔으나 벼농사도 병행하고 있다. 일제시대 이전까지 자포마을 앞에는 아름드리 나무들이 마을숲을 조성되어 있었다. 마을숲은 담양넘어가는 방향으로 어우리 꽤꼬리재 넘어로 조금 비치는 화산이 있고, 주평리 뒷편에 신적산이 있는데 그곳에 있는 바위가 비를 맞아 적시게 되면 햇빛을 받은 바위가 번쩍번쩍 빛을 발하여 마을에 비추게 되면 마을 여자들에게 음풍이 일어 마을이

소란스럽게 된다고 믿어왔었다. 화산은 마을에 화기를 보내어 화재가 발생할 요인을 갖고 있다고 생각하였으며 빗물젖은 바위의 광채는 마을에 음풍을 일게하는 요인으로 작용하여 마을이 해롭기 때문에 마을숲을 조성하여 차단하고자 하였던 것이다. 마을주민들은 할아버지당산입석은 화기가 비추는 곳에 세웠고 할머니당산입석은 신적산에서 음기가 비춰지는 곳에 세워 음기를 차단하고자 세웠다.

마을 앞 마을숲에는 수령이 오래되고 굵직한 나무들이 울창하게 횡렬로 늘어서서 화기와 음기를 방어해주는 역할을 하였는데, 일제강점기 일본사람들이 배를 만들 목재로 활용하고자 모두 베어버렸다고 한다. 마을숲이 사라진 뒤 마을은 황량해졌다고 한다. 이때부터 마을주민들은 마을숲의 기능이 상실되면서 화기와 음기로부터 마을을 지켜내기 위하여 당산제에 더욱 정성을 쏟았다고 한다. 그래서 마을주민들은 당산제를 거행하는 목적이 화산의 화기 방지와 음기 방지를 목적으로 거행해 왔다고 말한다.

(2) 당산제와 줄다리기

당산제를 앞두고 마을회의에서 제관을 선출한다. 마을이장을 포함하여 손이 없는 2명을 제관으로 선출한다.

제물은 마을부녀자들이 마을기금으로 당산제 전날부터 당산제를 거행하는 2월 초하룻날 아침까지 합심 협력하여 제물준비를 한다. 제물은 돼지머리, 삼실과, 삼채나물, 어물, 떡시루 등을 준비한다. 당산제 제물 외에 마을주민들이 마을회관에서 함께 식사할 음식도 준비한다. 자포리는 당산제를 거행하는 이월초하룻날은 마을주민들은 마을회관에 모여 점심을 먹는다.

줄다리기는 2월 초하룻날 아침에 마을 남자들이 2-3단의 볏짚을 짊어지고 마을회관 앞에 모여들면서 시작된다. 줄은 암줄과 숫줄을 만든다. 두 줄은 각기 고를 만들고 3접으로 길이는 약 50m정도로 만든다. 줄의 제작이 완료되면 마을부녀자들은 암줄을 들고 마을남자들은 숫줄을 들고 당산돌기를 한다. 마을 주위를 한바퀴 돌면서 당산굿을 치기도 한다. 당산돌기가 끝나면 오후에 줄다리기를 한다. 줄다리기는 남녀노소 가릴것 없이 마을주민들이 모두 참여한다. 숫줄은 남자들이 잡고 암줄은 여성들이 잡아 당긴다. 줄당기기는 숫줄을 암줄의 고에 집어넣고 비녀목을 가로 질러넣은 후에 잡아당긴다.

줄다리기는 여성편이 이겨야 풍년든다는 속신으로 여성이 이긴다. 줄다리기를 마친 후에 줄은 할아버지 당산에 숫줄을 감고 할머니당산에 암줄을 감는다. 당산입석에 줄을 감는 방식은 꼬리부터 감아올려 고(올가미)를 입석 상단에 얹혀 올려놓는 방식이다. 이러한 줄감기를 '옷입힌다'고 말한다. 할아버지당산과 할머니당산에 줄감기를 할 때에 제물을 놓고 참배와 독축을 한 뒤 축문을 소지하는 것으로 당산제를 마친다. 당산제를 마친 뒤에는 마을회관 앞에 모여서 음복을 하고 굿을 치면 논다.

이처럼 복흥면 자포리의 줄다리기는 고싸움놀이형인데, 풍수비보적인 성격이 강한 할아버지 당산입석과 할머니당산입석에 줄을 감는 방식이다. 고싸움놀이형 줄다리기는 일제강점기에 일제식민통치 정책으로 파급 확산되었는데, 마을민속의 줄다리기까지도 영향을 미쳤음을 자포리 줄다리기가 보여준다.

2) 순창군 복흥면 석보마을의 장승과 짐대

(1) 마을개관

석보마을은 복흥면에서 정읍 산외로 넘어오는 길목에 있는 산간지역의 강변마을이다. 석보 지명은 원래 독보이었으나 일제시대에 한자인 석보로 고처 사용하였다. 독보 지명은 실제 마을 주위에 돌이 아주 많아서 붙여진 지명이다. 마을의 입지가 비교적 산간이어서 바위들이 많다. 이농현상으로 마을주민수가 줄어 현재는 42세대가 한 마을을 이루고 농업을 주업으로 하고 있다. 과거에는 70여호의 200여명 정도가 살았으나 현재는 30여호의 70여명으로 줄었다.

(2) 마을신앙

마을풍수는 풍수지리상 마을형국은 조리형국이다. 이 마을에 오래 살면서 부자가 되면 마을을 떠나야지 그렇지 않으면 재산이 깨진다는 속신이 있다.

석보마을의 남쪽 방향에 추월산이 있고 정면에는 백방산이 있다. 마을주민들은 마을을 앞뒤로 빙둘러싸고 있는 추월산과 백방산을 모두 화산火山으로 믿고 있다. 화산이 마을을 비추고 있기 때문에 화재맥이 차원에서 장승과 오리짐대를 세웠다고 말한다. 석보리는 섬진강 상류역 경사면에 위치하고 마을앞으로 강물이 흐른다. 마을수호신앙의 대상으로 장승과 오리짐대를 한세트로 세우는게 특징이다. 석보리의 장승 · 짐대는 남쪽, 서쪽, 북쪽 3곳에 세워진다. 남쪽의 짐대는 추월산을 향하고, 서쪽의 짐대는 백방산을 향하고, 북쪽 짐대는 부엉바위를 향하여 세운다. 석보리의 짐대는 화재맥이 차원에서 세워지는게 분명하다. 그러나 장승은 각 방위에 따라 동방축귀대장군 서방축귀대장군 북방축귀대장군이라는 명문을 적어 넣어 잡귀방지용으로 세워놓는다. 석보리 목장승은 마을 입구를 수호하는 수호신상으로 마을로 들어오는 3곳의 길목에 오리짐대와 세웠다.

석보리의 장승 짐대는 격년제로 2월 초하룻날에 세운다. 장승 짐대 모두 소나무를 재질로 하고 있으며 장승은 목공구로 인형상을 만든후에 먹물로 두상과 명문을 완성시킨다. 오리짐대의 오리는 칡넝굴 껍질을 벗기어 길게 날개를 늘어트려놓는다. 석보리의 장승 · 짐대세우기는 마을공동의 제의적 성격이 강조되고 있지만, 석보리가 탈없이 무탈하도록 평안 유지가 목적이지 마을신앙의 대상으로 신봉하는 경향은 매우 약하다.

석보리의 짐대 · 장승세우기는 각각 세뜸별로 세워진다. 세뜸이란 마을에서 짐대 · 장승이 위치한 곳의 주변을 세 구역으로 나누고 그 구역사람들이 자기구역의 장승 짐대세우기를 책임맡는다. 해트기전에 세우면 좋다고 하여 2월 초하루 아침일찍 구역별 주민들이 산으로 올라가 짐대와 장승으로 사용할 나무를 베어온다. 나무를 베어오면 기다리고 있던 사람들이 나무 껍질을 벗기고 장승을 만들어 세우고 짐대의 오리를 조형하여 짐대와 장승을 세운다.

이렇게 짐대 · 장승을 세우기가 완료되면 마을의 풍악패가 3곳을 돌면서 굿을 쳐주는 것으로 짐대 · 장승 세우기가 마치고 주민들은 마을회관에 모여 공동으로 점심식사를 드는 것으로 끝난다. 점심식사 후에는 주민의 요청에 따라 축원굿을 쳐주기도 하면서 이월 초하루를 술마시고 놀면서 주민들간에 화합의 분위기를 다진다. 이와같이 축원굿을 원하는 집에 찾아가 굿을 쳐주고 술과 안주의 향응를 대접받았으나, 마을회관이 생기고 마을공동기금이 마련되어 걸립을 하지 않고 마을회관에서 풍악패가 한판노는 것으로 끝낸다.

3) 순창군 복흥면 대각리의 목짐대

(1) 마을개관

대각마을은 400여년전에 형성된 각성마을이다. 21가구의 60여명이 살고있는 조용한 농촌마을이다. 마을 앞으로 넓은 들판이 펼쳐져 비교적 풍요로운 마을이었다. 60-70년대에는 40여 가구 100여명의 사람들이 살고 있었는데 현재는 젊은이들은 모두 도시로 떠나버리고 고령화된 마을이 되었다.

(2) 마을풍수

마을 뒤에 평풍처럼 펼쳐있는 산이 대각산이다. 대각산은 광주 무등산의 지맥이 내려온 산이다. 대각산은 북쪽자락에서 복흥쪽으로 뻗은 산이 장군이 쓰던 투구를 벗어놓은 형상이다. 그 안쪽으로 대각리를 감싸고 있는 산이 장군이 사용하던 칼의 형상을 하고 있다. 이렇듯 장군의 투구와 칼의 모양이 산을 끼고 있는 대각산은 장군상으로 장군명당이 있다고 전해온다. 장군명당에 묘를 쓰면 자손가운데 뛰어난 무관이 나온다고 하여 많은 사람들이 장군명당을 찾아 대각산을 넘나든 적이 있었다.

(3) 마을신앙

대각마을의 짐대를 세우게 된 동기는 대각마을 정면 앞산에 무적바위에 있다. 무적바위는 마을을 향하고 있다. 비가 많이 내리면 무적바위가 비에 젖으며 바위사이로 물이 흘러 폭포를 이루게 된다. 이렇듯 물이 흘러내리는 때에 해가 뜨면 해가 물에 반사되어 마을을 비추게 된다. 물에 반사된 햇볕이 마을을 비추게되면 마을에 자꾸만 화재가 발생한다. 그래서 마을의 화재를 방지하기 위하여 짐대를 세우게 되었는데 짐대를 세운 이후에는 마을에 화재도 발생하지 않았다고 한다. 짐대 위에있는 새는 오리인대 오리는 물을 좋아하여 무적바위에 물이 보이면 오리가 달려들어 물을 먹어버리기 때문에 무적바위에 물기운이 나타나지 않는다. 마을 사람들은 매년 음력 2월 초하루에 짐대를 세우게 되었다.

짐대세우기 절차는 2월 초하루 하루 전날 밤에 마을의 젊은 청년들이 짐대로 사용할 나무를 구해온다. 짐대를 구해오면 마을 사람들은 고생하였다고 젊은 청년들에게 술과 안주를 마련하여 대접하고 마을사람들은 짐대 위에 올려놓을 오리를 만든다. 과거 5-60년대에는 짐대로 사용할 소나무를 백양사까에서 구해 온 적도 있다. 짐대는 두께가 10-15cm, 길이는 3m 가량되며 소나무를 사용한다. 최근에는 곧은 소나무를 사용하고 자연스럽게 소나무의 형태를 살려 굽은 소나무를 사용한다. 과거에는 짐대 위에 오리 한 마리 세웠는데, 최근에는 2-3마리의 오리가 등장하기도 한다.

그동안 대각마을에서는 매년 2월 초하루에 짐대를 새웠는데 새마을운동이 실시되던 70년대 3년여 짐대를 새우지 않았다. 그런데 짐대를 세우지 않자 마을에 자꾸만 화재가 발생하여 마을에 많은 피해를 입었다. 마을에 재앙과 상고가 발생하자 마을주민들은 중단하였던 짐대세우기를 다시 세우기 시작하였다. 짐대를 세우는 2월 초하루날은 마을사람들이 짐대를 세우고 나면 풍장굿을 치며 흥겨운 마을잔치를 벌인다. 마을굿이 끝나면 마을 총회를 개최하여 일년동안 이루어진 마을일을 결산하고 새로운 임원을 선출한다.

4) 순창군 구림면 금상리의 할머니돌탑과 짐대

(1) 마을개관

금상마을은 구림면 금창리에 속하는 마을이다. 1914년 행정구역의 통합으로 황계촌, 창편, 금상, 국화마을을 통합하여 금상의 금자와 창평의 창자를 붙여서 금창리가 되었다. 금상마을은 정읍시 산내면과 구림면 경계지점에 뻗어내린 신광사재가 남쪽으로 뻗어내려 산진수회하면서 금상골을 이루었다. 금상마을은 평산신씨, 남원양씨, 여진양씨가 토착성씨를 이루고 300년 전통의 역사가 있는 마을이다.

(2) 마을풍수

금상마을은 금반형상의 지세를 가졌다고 하나, 풍수지리적으로 행주형 지세를 하고 있다. 마을 앞에는 풍수비보 기능의 할머니탑이 조성되어 있고, 지기를 누르는 돛대 기능의 짐대를 할머니탑에 세워 놓는다. 마을주민들은 금상리가 행주형지세라서 개인적으로 집안에 우물샘을 파지 않는다고 한다. 처음에는 공동우물을 사용하였으나 지금은 상수도로 식수를 공급한다.

(3) 마을신앙

금상마을은 당산제 대신에 탑제를 지낸다. 원래 금상마을에는 할아버지탑과 할머니탑이 있었는데, 현재는 할머니탑만 남았다. 금상리 탑제는 2월 초하룻날에 지낸다. 마을 주민들은 탑할머니를 영등할머니로 믿고 있다. 음력 1월 31일 저녁에 마을회의에서 탑제를 어떻게 지낼 것인가를 협의한다. 탑제를 3년간 맡아서 제관을 맡으면 집안에 좋은 일이 생긴다하여 서로 제관을 맡으려고 했었다고 한다. 2월초하루에 마을 청년들은 아침 일찍 뒷산에 올라가서 오리짐대를 세울 소나무를 구해온다.

오리짐대는 매년 1개씩 세우는데, 매년 교대로 짐대의 오리 머리 방향을 안과 밖으로 향하게 세워놓는다고 한다. 머리 방향을 마을로 향하고 하는 것은 만복이 마을에 깃들게 하는 의미이고, 마을 밖으로 향하게 하는 것은 묵은 액을 마을 밖으로 쫓아내기 위함이란다. 탑제는 짐대를 탑에 세워놓고 풍악패가 풍장을 치면서 3바퀴를 돈후에 마을부녀자들이 탑 앞에 제물을 차려놓으면, 제관부부가 참배를 올리고 소지를 올리는 방식이다. 마을주민들도 소지를 함께 올리고 음복을 하는 것으로 탑제는 끝이 난다.

금상리의 탑제는 마을의 지세가 행주형지세行舟形地勢(배형국)라서 배가 안정감을 갖도록 무거운 돌탑을 행주형지세에 앉혔으며, 배가 중심을 잡도록 나무돛대[木檣]를 세워 안전하게 항진航進하도록 하는 의미에서 오리짐대를 세우고 있다. 또한 마을주민들이 집집마다 우물샘을 파지 않는 것도 우물샘을 파면 배 바닥에 구멍이 생겨나 금상마을이 망할 수도 있다는 불안감에 우물을 파지 않는다고 한다. 순창지역의 돌탑은 금과면, 인계면, 구림면 일대에서 발견되고 있는 풍수비보적인 성격이 강하며, 돌탑과 짐대가 함께 세워지는 곳은 금상리가 유일하다.

5) 순창군 팔덕면 연봉석과 입석마을

(1) 팔덕면 팔왕리 연봉석蓮棒石

① 마을풍수

팔왕리는 풍수지리적으로 파왕산동婆旺産童 형국이다. 늙은 노파가 왕성하게 아이를 낳는 형국이다. 실제 마을의 지형은 여자의 사타구니같이 여근곡 형상이며, 여근곡에는 여근샘이 위치하고 있다. 여근샘이 마을공동우물이었다. 마을주민들은 여근샘을 바가지샘이라고 불렀다. 바위틈 구멍에서 솟아나는 물을 바가지로 퍼서 물동이에 담아 집에 돌아왔었다고 한다. 실제 마을에서는 이 우물 물을 마시고 아들을 낳지 못하는 사람이 없을 정도로 부녀자들이 왕성하게 출산하였다고 한다.

② 연봉석의 조형성

지금도 순창군에서 세워놓은 안내판에는 팔왕리 연봉석을 남근석男根石이라고 표기해 놓았다. 그러나 남근석의 기능을 하고 있을 수 있지만, 연봉석 표면에는 연꽃, 연잎, 연봉 문양이 장식 조각되어 있다. 정형화된 연잎을 입석에 2단으로 둘렀고, 사이 사이에는 연봉과 연꽃이 피어있는 상태로 조각되어 있다. 이 조형입석을 남근석으로 볼 수 있는 이미지는 전혀 없다. 이 연봉석은 정형화된 석각연화도石刻蓮花圖라 할 수 있으며, 국내에서는 유일한 연봉석이다.

③ 신앙형태

팔왕리 주민들이 연봉석에 제사를 지내는 관행은 없다. 팔왕리 연봉석은 여근곡과 마주하는 마을앞 정면에 세워놓았다. 여근샘에서 솟아나오는 샘물이 연봉석 옆 도랑물을 이루어 흘러내려오고 있다. 팔왕리의 연봉석은 음기陰氣가 강한 파왕산동형의 지세를 눌러 진압하려는 풍수비보적인 압승형 연봉입석이며, 불교문화가 흥성하던 시기에 세운 것으로 보인다.

(2) 팔덕면 태촌리 연봉석

① 마을풍수

태촌리 연봉석은 아미산과 태촌마을 사이 아미산 자락에 위치하고 있다. 우뚝 솟은 아미산 가까이에 태촌마을이 형성되었기에 마을주민들은 마을 앞에 마을숲을 조성하였으나 현재는 사라지고 없다. 마을주민들은 남향으로 조성된 마을에서 주민들은 아미산의 위압감威壓感을 심하게 느꼈던 것으로 보인다. 마을주민들은 아미산이 짓누르는 듯한 위압감을 해소하기 위하여 마을에서 정면으로 바라다보이는 아미산 기슭에 연봉석을 세웠다. 아미산에 연봉석을 세워 아미산의 양기를 누르고자 하는 압승형 풍수비보입석이라 할 수 있다. 그런데 이 마을 역시 안내판에는 남근석으로 표기하였는데 잘못된 표기다.

② 연봉입석의 조형성

태촌리 연봉석은 팔왕리 연봉입석과 동일한 시기에 제작된 것으로 보이지만, 조형미가 다르다. 팔왕리 연봉석은 정형화된 도상을 보여주고 있다면, 태촌리 연봉석은 사실주의寫實主義적 기법으로 조각되었다. 예전에 태촌리 연봉석을 발기된 남근 형상으로 해석하는 사람들이 있었는데, 연봉석의 도면을 제작해보니 매우 사실적인 연화도 임이 확인되었다. 실제 연지에 연꽃, 연잎, 연봉이 피어있는 모습을 표현하였으며, 연지에 물고기까지 장식하므로서 사실주의적 석각연화도 임을 확인할 수 있다. 성적 호기심으로 연봉석을 남근석으로 표기하는 일은 문화를 왜곡해석하는 것으로 반드시 경계해야 한다.

③ 신앙형태

태촌리 연봉입석과 팔왕리 연봉석의 공통점은 연봉석 상단에 하나의 연봉잎을 조각하여 연봉석이 어떠한 용도로 세워졌는지를 확인시켜주고 있다. 태촌리의 연봉잎은 아미산을 향하여 조각하므로서 아미산의 위압감을 진압하려는 압승 목적에서 아미산 자락에 세워놓은 풍수비보입석이다. 태촌리 연봉석은 마을과 멀리 떨어진 아미산 자락에 세워놓은 것은 아미산과 관련이 있음을 말해준다. 마을주민가운데 연봉석에 빌어 낳은 사람이 있었다고 하며, 아들을 낳은 집에서 연봉석을 미륵彌勒이라고 섬기며 보호각까지 지어놓은 적이 있었다고 한다. 연봉석을 기자祈子의 대상으로 삼았음을 알 수 있다. 태촌마을에서는 연봉석을 제사의 대상으로 섬기지는 않는다.

(3) 팔덕면 구룡리 마을입석

① 마을개관

순창군 팔덕면 구룡리 입석마을에는 9개의 입석이 세워져 있다. 입석마을의 입석은 당산입석이 아닌 풍수비보입석이다. 이 마을은 마을 입구에 모정이 있고 그곳에 당산나무가 조성되어 있다. 따라서 이 입석은 당산 기능의 입석과 다르다. 이러한 풍수비보 기능의 입석들은 터를 누르기 위한 장치가 대부분이다. 입석마을은 마을을 중심으로 주변에 9개의 입석이 둘러 세워져 있다. 입석 8기와 돌탑입석 1기가 그것이다. 9기의 입석이 세워지게 된 동기는 마을의 지세와 관련되어 있다.

② 마을신앙

입석마을의 산세는 광덕산廣德山에서 두이산과 설고개를 타고 내려온 용맥龍脈이 마을을 에워싸고 있으며, 9마리의 용이 마을을 향하여 내리뻗은 양기명당陽基明堂 산진처山盡處에 입석마을이 조성되었다. 용맥이 내려오는 좌향에 맞추어 용맥을 눌러주고 용을 상징하는 입석을 세운 것이다. 이러한 형국을 구룡쟁주형九龍爭珠形이라 한다. 9마리의 용이 마을로 내려와 여의주를 물고 하늘로 승천하는 형세다. 아홉 마리 룡이 여의주를 두고 다투는 의미를 입석으로 조형화하였는데, 입석마을의 중심부에는 1기의 입석을 세워 여의주를 삼은 것이다. 이 입석은 현재 개인집 마당에 위치하고 있는데, 마을주민들은 비가 올려고 하면 바위표면에 습기가 차서 물기가 촉촉하게 베인다고 증언한다. 이 바위는 비雨를 예시해주는 징표석이자 여의주인 셈이다.

이 여의주를 두고 9마리의 용이 다투는 형국이다. 용은 기우제祈雨祭의 대상신이요 구름속에서 조화를 부려 비를 내려주는 천룡신天龍神이다. 용이 승천하면 천룡으로서 사람들에게 이로운 용이 되지만 승천하지 못하면 이무기로서 해악을 미친다. 이러한 용신앙이 이 마을에 그대로 적용된 것이다. 용이 여의주를 물고 승천하여 우순풍조를 주관하시어 농사풍년을 기원하는 뜻도 담고 있는게 입석마을의 용이다. 이 용은 비를 관장하는 천룡이다. 이러한 입석 배치는 광덕산에서 입석마을까지 용맥이 내려왔다는 믿음을 돌의 배치 형식으로 설명하고 있다. 말하자면 광석산에서 입석마을까지 바위가 일렬로 연결되어 있다는 것이다. 실제 이 마을에는 입석뿐만 아니라 와석들이 일렬로 놓여있는 모습을 볼 수 있는데, 이러한 바위에는 청동기시대 고인돌도 포함되어 있다.

궁극적으로 입석마을 사람들은 광덕산을 마을의 진산으로 인식하고 있다는 뜻이며, 구룡쟁주형의 형국에 맞추어 9개의 입석을 세운 것이다. 9개의 입석은 용혈龍穴에 세운 용의 상징이며 9마리의 용은 승천하고자 여의주를 향하여 서로 다투는 형세를 갖춘 마을로 요약할 수 있다. 9는 최고의 숫자인다. 9마리의 용이 내려와 마을을 호위하고 있는 형국의 구룡리 입석마을은 양기명당으로서 아주 좋은 입지여건을 갖추고 있다.

Ⅲ. 순창 '금과 들소리'의 인문사회적 환경

들소리는 농경문화가운데 벼농사짓는 과정에서 김매기 과정에서 부르는 노동요이다. '금과 들소리'는 순창군 금과면 대장들에서 농민들이 모내기에서 김매기 과정을 마칠 때까지 논에서 불렀던 노래이다. 김매기를 할 때에는 논에서 논바닥을 호미로 파면서 동시에 잡초를 제거하고 발로 밟아주는 작업은 자라나는 벼포기에 산소를 공급하여 벼의 생육 여건을 양호하게 만들어주는 과정이다. 이처럼 힘든 논일은 건장한 남성들이 집단적 품앗이 노동으로 할 수 있을때에 효율성이 높아진다. 그리하여 김매기가 시작할 즈음에 마을의 건장한 남자들이 집집마다 1명씩 차출된다. 마을 규모에 따라서 20-30명으로 두레가 짜여진다. 두레집단은 남자들의 집단품앗이 작업단이라 할 수 있다. 15세 이상의 노동력을 가진 건장한 남자들로 두레가 구성되면 본격적으로 김매기 작업에 나선다.

순창군 금과면 대장들에서 전승해온 김매기 과정을 살펴보자. 김매기는 3벌매기 과정을 밟는다. 모내기 후에 20여일만에 호미질을 한다. 호미질은 농부들이 호미를 들고 논에 들어가서 작업을 한다. 농부들은 호미로 물 찬 벼고랑의 논바닥을 파가면서 잡초를 제거하는 작업이다. 그러나 벼포기 사이의 고랑을 파고 밟아주면서 벼가 잘 자라도록 수분과 산소를 공급하는 효과를 가져온다. 김매기 과정에서 첫 번째 호미질이 제일 힘들다. 힘든 노동을 극복하기 위하여 풍악대가 앞장서서 흥을 돋구기 위하여 논에 들어가 반주를 하면 농부들도 장단에 맞춰 들소리를 부르면서 호미질을 하였다.

들소리는 집단적으로 목청높이 들소리를 부르며 농사일을 하므로서 호미질 작업의 효율성을 높이는데 매우 효과적이다. 호미질이 끝난 후 10일만에 초벌매기를 하는데, 대장들에서는 한벌매기라고 한다. 한벌매기는 논고랑을 밟아주며 맨손으로 뽑아낸 풀을 수거하거나 땅을 묻는 방식으로 잡풀을 모두 없애는 과정이다. 두벌매기 마친 후 다시 10여일만에 군벌매기를 한다. 군벌매기는 맨손으로 두 번째맨다는 뜻이다. 호미질 한번과 맨손으로 두 번째이니 군벌매기는 3번째매기이다. 군벌매기가 만두리 작업에서 군벌매기 소리를 한다. 만두레는 논고랑을 부드럽게 밟아주면서 잡초 상황을 살피고, 벼의 생육 상태를 확인하는 과정이다.

만드리(만두레)는 실질적으로 농사일을 마치는 마지막 과정이다. 만두레는 두레꾼들이 세벌김매기를 마친 후에 부자집(지주) 머슴을 소 등에 태우거나 사다리에 태우고 부자집으로 몰려간다. 이 과정을 장원례壯元禮라고 한다. 장원례는 유생들이 과거에 합격하거나 글방에서 공부잘하던 사람이 한턱내는 것을 말한다. 지주집 머슴이 장원을 하였다 하여 머리에 어사화를 꽂고 주인집으로 향한다. 장원례는 머슴장원을 하였기 때문에 한턱 내라는 간접적인 요구로서 해질녁에 장원질소리를 하면서 지주집에 당도하면 지주는 음식과 술을 푸짐하게 내 놓는다.

이 장원례는 마을 단위의 농부들이 김매는 일을 하느라 고생을 하였다고, 지주가 농부들을 위로하고 한턱을 내면서 베푸는 위로연慰勞宴이 본질이다. 이 위로연은 지주가 농부들에게 베풀어주기 위하여 연출되는 면도 있다. 농부들은 지주집에 들어가 머슴장원을 신고하고 작대기로 닭을 후려쳐 잡고 가마솥에 닭죽을 끓여서 먹고 마시고 밤늦게까지 논다. 지주집 마당에서 풍악을 울리고 들소리도 실컷 부르면서 김메기과정에서 쌓였던 육체적인 노동의 피로와 스트레스를 풀고 농사일이 모두 끝난 것에 자축하는 자리가 된다. 만두레 장원례는 대체로 음력 7월 15일경에 열리는 경우가 일반적이다.

그래서 일반적으로 장원례는 백중놀이라 하고 마을 지주가 베푸는 위로연을 '술멕이'라 하고, 학술적으로는 호미씻이[洗鋤宴]이라고 부른다. 호미를 씻는다는 농사일이 끝났다는 상징성이 있다. 호미씻이는 대체로 백중날하는 것인데, 순창군 금과면에서 백중놀이가 별도로 거행되는게 아니라, 세벌매기 만두레를 마치면서 장원례가 행해지는 마지막 과정이 지주집마당에서 풍장굿치면서 술마시고 놀이를 즐기는 것으로 마친다는 것이다.

김봉호 금과들소리보존회장은 금과면 대장들에서는 백중절 즈음에 장원례로서 실질적인 농삿일이 끝났다고 말한다. 김봉호 회장이 말하는 대장들 김매기 작업 과정[1]을 다음과 같이 요약할 수 있다.

첫째, 대장들에서는 못자리를 하고 45일만에 모내기를 한다. 못자리를 하고 난후에는 풀을 베어 퇴비를 만들거나 두엄자리의 거름를 논에다 뿌리는 작업을 주로 한다. 옛날에는 비료 이전에 마을 단위로 퇴비증산운동을 벌일 정도로 논에 뿌릴 거름 만드는 것이 농사철 작업가운데 하나였다. 모내기를 시작한지 40여일이면 세벌매기 장원례까지 농사일이 모두 끝난다.

둘째, 두레짜기는 집단품앗이이기에 건장한 남자들로 구성되는데, 소농은 주로 호락질[2]하는 경우가 많고, 중농 이상부터 집단품앗이를 한다. 김매기하는 논이 집에서 가까울 경우 주로 집에서 점심식사하는게 일반적이고, 집에서 거리가 멀 경우에는 논으로 점심밥을 운반해가서 못밥(모내기, 김매기할 때 논둑길에 차려놓는 밥)을 먹는다. 집에 가서 밥을 먹거나 품앗이할 때에는 점심식사 후에 뙤약볕을 피하기 위하여 모정(또는 우산각)이나 정자나무 아래에서 낮잠을 한참 잔 후에 오후 3시경에 다시 논에 나가 김매기를 하였다고 한다.

셋째, 부잣집에서 모내기와 김매기를 할 때에는 주인집에서는 점심식사를 농삿일하는 들판까지 실어와 점심을 제공하였다. 부잣집(지주집)에서 모내기할 때에는 마을잔치가 된다. 부모님이 부잣집 모내기일에 동원되면 집에서 밥 차려줄 사람이 없어서 점심때에 아이들은 숟가락을 들고 모내기하는 논까지 와서 점심식사를 함께 하였다. 부잣집에서 밥얻어 먹으려고 부부가 모내기에 함께 참여하는 일이 많았다고 한다. 점심찬으로 굴비구이가 나오면, 호박잎에 싸서 아이들에게 할머니, 할아버지를 갖다 드리려고 보내는 일도 있었다고 한다. 부자집에서 모내기할 때 점심식사 시간에는 논일하는 사람보다 밥먹는 가족식구들이 더 많을때도 있었다고 한다.

금과면 대장들에서는 만촌, 동전, 내동, 매우 마을이 있었는데, 부농富農은 매우마을에 있었다고 한다. 부농의 김매기는 백중절 만두레에서 장원례

1　2023년 8월 1일(화) 금과들소리보존회관에서 구술받음.

2　호락질은 남의 힘을 빌리지 않고 가족끼리 농사짓는 것을 말한다.

까지 이어지는 방식으로 추진되었다. 마을에서 농부들에게 농삿일을 마쳤다고 한 턱낼 수 있는 부잣집을 마지막으로 선택하는 것으로 보인다. 농삿일이 마칠 때 즈음에는 부농 집에서는 술과 음식을 준비하고 장원례를 준비한다고 한다. 장원례는 부잣집이 농부와 머슴들에게 술과 음식을 베풀어 농사짓느라 고생하였다고 위로하기 위한 명분용 연극일 수 있다. 그래서 백중놀이를 술멕이라 하고 본질은 지주의 베품과 농부들의 나눔이라 할 수 있다.

장원례와 술멕이는 부잣집의 의무는 아니지만, 부자집이 농민들을 위로하기 위하여 솔선수범하는 높은 도덕성에서 기인한다. 베푸는 것이 선행이요 미덕이다. 유럽에서는 이러한 선행을 노블레스 오블리쥐noblesse obliege 고 말한다. 어디가 먼저 였는지 알 수 없지만, 한국의 부유층들은 베고프고 굶주리는 농민들을 위하여 다양한 방식으로 기꺼이 베품과 나눔을 실천하고 동참해왔다.

넷째, 금과면 대장들 사람들 가운데 유두절(음 6.15)에는 개인적으로 자기 논에 음식을 차려놓고 꼬시레하는 정도로 농신고사를 지냈으나, 부잣집에서는 머슴과 함께 논에 나가 음식을 차려놓고 머슴과 주인이 차례로 논에 절을 하면서 농신제를 지냈다고 한다. 대체로 대장들에서 농삿일은 모내기에서 만두레까지 약 40여일 정도 기간에 모두 마쳤다고 한다. 백중날에는 냇가 모래사장에서 가서 발뒤꿈치를 하얗게 벗길 정도로 모래찜질을 즐겼다고 한다. 순창 대장들에서는 백중절 이전에 세벌김매기를 마치고 장원례가까지 마쳐 평야지대보다 약간 이른 시기에 농삿일을 마쳤던 것으로 보인다.

Ⅳ. 결어 : 순창 금과들소리의 바람직한 전승 방향

결론으로 순창 금과들소리의 바람직한 전승 방향과 방안을 다음과 같이 제안한다.

첫째, 금과면 대장들 문화생태계를 살려내는 방향으로 나아가야

금과들소리 보존은 나무와 숲과 관계에 비유할 수 있다. 금과 들소리가 독자적으로 태동, 전승되어 온 것은 아니다. 나무가 제대로 온전하게 살아나려면, 숲을 이루어야 한다. 숲속의 나무가 생존력을 갖는 것이지 한 나무가 살아남기란 쉽지 않다. 숲은 산림생태계를 갖고 있다. 사람들이 문화를 향유하면서 생활하고 살아간다면, 인간에게도 문화생태계가 존재한다. 금과들소리는 모내기에서 김매기까지의 과정에서 들소리를 취하여 전승시켜 왔으나, 들소리는 민속문화의 한 갈래 일 뿐이다. 금과들소리는 대장들 농민이라면 모두 농삿일하면서 불러왔던 것이지 금과들소리 사람들만 부른 것은 아니다.

순창군은 전라북도 지정 무형문화재를 살려내는 방향으로, 금과면 대장들 농경민속의 문화생태계를 복원하는데 집중해야 한다. 금과면장은 금과들소리의 전승력을 강화시키는 방안으로, 금과면 면민들이 참여하여 농경민속에 활력을 불어넣는 방향으로, 금과들소리보존위원회에 각 마을이장들을 당연직으로 참여시키는 방안을 강구해야 한다. 그리고 대장들 농민들이 실제 논에서 김매기를 실행하는 방향으로 농삿일을 장려하는 방안을 강구해야 한다. 금과면민들이 금과들소리를 보존하는데 함께 동참하고, 김매기 초벌매기에서 세벌매기까지 실제 논에서 농요를 부르면서 집단적으로 전승시켜 나가는 방안을 강구해야 한다.

숲이 살면 나무가 살아나듯이, 대장들 농경민속의 문화생태계를 살려내

면 자연스럽게 금과들소리의 전승력도 강화될 것이다. 문화생태계는 대장들 사람들이 살아가는 삶의 방식을 보여주는 방식으로 살려내야 한다. 문화생태계가 살아나면 금과들소리도 자연스럽게 살아난다.

둘째, 순창군청 민속진흥과 설치, 금과들소리를 국가 지정 무형문화재로 신청해야

앞에서 강조하였듯이 순창군은 고색창연한 민속문화유산이라는 커다란 문화자산을 갖고 있다. 순창군은 민속문화 전승을 위하여 타 시군과 차별화된 전략을 써야 한다. 순창군청에 민속문화진흥 전담부서를 설치하여 순창군의 고색창연한 민속문화를 전승시키는데 전심전력해야 한다. 순창군은 단오절 성황제와 단오난장, 서편제 판소리 태생지, 고추장 장류문화, 연봉석, 마을민속 등 국내 민속문화의 역사성과 문화생태계가 가장 잘 전승되는 지역가운데 하나다. 이러한 민속문화는 무형문화재이기 관리소홀로 언제든지 소멸될 수 있다. 순창군은 '민속진흥과' 부서를 만들어 순창군 민속문화 진흥에 전담하도록 해야 한다. 순창군은 군 지정 향토문화재는 도 지정 무형문화재로, 도 지정 무형문화재는 국가 지정문화재로 승격시키는 업무를 전담해야 한다. 그리고 새로운 무형문화재를 발굴하여 보존하는 방안을 강구해야 한다. 현재 문화예술과에 문화재 전담팀으로는 문화재 관리에 힘이 부치는 상황이다. 문화재팀에서 유무형문화재를 관리하는데 한계가 있으므로 별도로 민속진흥과를 설치하여 순창군의 민속문화진흥에 역점을 두는 방안을 강력 요청한다.

셋째, 전통 난장문화로 계승 · 발전시켜 나아가야

유럽 귀족들의 선행을 노블레스 오블리쥐noblesse obliege라고 한다면, 한국 부잣집들의 선행은 백중절 술멕이가 있다. 술멕이는 의무 사항이 아니다. 부잣집으로서 베품과 나눔의 인륜지도人倫之道를 실천하는 것에 불과하다. 부잣집들의 베품은 다양한 방식으로 실천되었다. 부잣집들의 베품은 선행일뿐 베품으로 자신의 권세를 부리고, 마을주민을 통제하려는 모습은 보이지 않는다. 어찌 보면 부잣집들의 장원례 술멕이가 전통마을 민속문화의 전승력을 강화시켜주는 데 기여한 면이 없지 않다.

오늘날 농촌의 현실에서 부잣집들은 모두 농촌을 떠났다. 민속문화도 붕괴 직전에 처한 상황이다. 순창 대장뜰에서 전승시켜오고 있는 금과들소리를 전승시켜 나갈 것인가. 오늘날에는 순창의 기업군들이 재정상 부자들이다. 순창 지역공단 기업인들이 순창민속문화의 진흥을 위한 동력을 제공할 수 있다. 특히 장류의 명향 순창에서 순창고추장을 만드는 대상기업이 금과들소리를 지원하는 방안으로, 아니 그보다 민속예술진흥을 위한 방안으로 순창군과 공동으로 순창군민속예술축제를 매년 지원하는 방안을 강구하기를 희망한다. 순창군 읍면동 주민들이 난장 형태로 풍장굿, 들소리, 판소리 등 놀이판, 소리판이 문화생태계를 살려는 방향으로 백중절 대동굿판이 열리기를 희망해본다.

순창군에서는 1960년대까지도 순창읍 장터에서 단오난장이 터졌었다. 순창다운 순창적인 민속문화유산은 순창의 자랑이다. 전라북도에서 순창군 민속문화는 타 시군의 민속문화보다 훨씬 더 고색창연하고 풍부하고 다양하다. 구슬이 서 말이라도 꿰어야 보배다. 순창군은 정책적으로 민속문화의 특성화 정책을 펼쳐야 한다. 순창군도 지방소멸위기에 처했다. 농민이 떠나면 민속도 떠난다. 민속이 살아야 농촌이 산다. 지방소멸 대응방안으로 순창군이 앞장서서 고색창연한 순창민속을 살려내는 데 앞장서야 한다.

참고문헌

전북전통문화연구소, 『순창군의 역사와 문화』, 신아출판사, 2002.
한국종교사연구회, 『성황당과 성황제, 순창 성황대신사적기 연구』, 1998.

글쓴이

(게재순)

나승만
전 목포대 국문과 교수, 전 한국민요학회 회장

김익두
전 전북대 국문과 교수, 전 한국민요학회 회장

김월덕
전북대 국문과 강사

강재욱
고려대 민족문화연구소 연구원

허정주
전북대 농악/풍물굿연구소 책임연구원

송화섭
전 중앙대 민속학과 교수, 후백제학회 회장